Sonderabdruck aus „Archiv für Eisenbahnwesen" 1901, Heft 6.

Die

Rechtswirkungen der Enteignung

im Falle der

Einigung der Betheiligten

Von

Georg Pannenberg,

Geheimer Ober-Regierungsrath.

Springer-Verlag Berlin Heidelberg GmbH 1910

ISBN 978-3-662-32301-4 ISBN 978-3-662-33128-6 (eBook)
DOI 10.1007/978-3-662-33128-6

Die Rechtswirkungen der Enteignung im Falle der Einigung der Betheiligten.

Der Erwerb des lastenfreien[1]) Eigenthums an den zur Ausführung eines Unternehmens erforderlichen Grundstücken mit Hülfe des Enteignungsverfahrens beansprucht in der Regel einen grösseren Zeitaufwand. Zwar ist der Geschäftsbetrieb des Unternehmers auf die Dauer dieses Verfahrens keineswegs ohne Einfluss, aber zumeist sind doch deren Ursachen seiner Einwirkung entzogen. Das gilt namentlich von der Beobachtung der im öffentlichen Interesse unerlässlichen, insbesondere der zur Ausführung des neunten Artikels der Verfassungsurkunde vorgeschriebenen Formen, der Art der Geschäftserledigung durch die betheiligten Behörden, der den Sachverständigen obliegenden Ausarbeitung von Gutachten und den durch den Interessengegensatz zwischen dem Unternehmer und dem Eigenthümer vielfach gesteigerten, in der Sache selbst liegenden, oft nicht geringen Schwierigkeiten.

Zur Beschleunigung des lastenfreien Grunderwerbes hat daher schon das Gesetz vom 11. Juni 1874 Mittel an die Hand gegeben, indem es den Betheiligten die Wege ebnet, die bestehenden Interessengegensätze thunlichst durch Einigungen auszugleichen, welche das Verfahren wesentlich abkürzen, gleichwohl aber die Rechtswirkungen der Enteignung herbeiführen.

Die diesem Zwecke dienenden Vorschriften der §§ 16 und 46 erschweren jedoch durch die Knappheit ihrer Fassung das Verständniss und haben darum in der Theorie zu den grössten Widersprüchen, in der

---

[1]) d. h. frei von den auf den Grundstücken haftenden privatrechtlichen Verbindlichkeiten.

Praxis noch nicht zu einer der Absicht des Gesetzes und dem vorhandenen Bedürfniss entsprechenden Anwendung geführt.

Die nachstehende Erörterung will zur Aufklärung des Dunkels, das über diesen Vorschriften anscheinend ruht, beitragen.

I.

Die Einigung über den Gegenstand der Abtretung und die Rechtswirkungen der Enteignung (§ 46).

Nachdem das Gesetz im § 15 vorgeschrieben hat, dass vor Ausführung des Unternehmens unter Berücksichtigung der nach § 14 den Unternehmer treffenden Obliegenheiten ein Plan aufzustellen und von der gesetzlich zuständigen Behörde zu prüfen und vorläufig festzustellen sei, bestimmt § 16:

„Eine Einigung zwischen den Betheiligten über den Gegenstand der Abtretung, soweit er nach dem Befinden der zuständigen Behörde zu dem Unternehmen erforderlich ist, kann zum Zwecke sowohl der Ueberlassung des Besitzes, als der sofortigen Abtretung des Eigenthums stattfinden. Es kann dabei die Entschädigung nachträglicher Feststellung vorbehalten werden, welche alsdann nach den Vorschriften dieses Gesetzes oder auch, je nach Verabredung der Betheiligten, sofort im Rechtswege erfolgt. Es kann ferner dabei behufs Regelung der Rechte Dritter die Durchführung des förmlichen Enteignungsverfahrens, nach Befinden ohne Berührung der Entschädigungsfrage, vorbehalten werden.“

Diese Bestimmungen betreffen zweierlei: zunächst die Ersetzung des Planfeststellungsverfahrens durch eine Einigung zwischen dem Unternehmer und dem Eigenthümer, so dass das Enteignungsverfahren sofort mit der Feststellung der Entschädigung nach §§ 24 ff. beginnt; ausserdem aber, und zwar im Zusammenhange mit den §§ 17, 43, 46, die Erleichterung des freihändigen Erwerbes der Grundstücke mit Bezug auf den Vertragsabschluss, die Kosten und die Regelung der Rechte Dritter. Beide Bestimmungen entspringen der unzweifelhaften Absicht des Gesetzes, Einigungen der Betheiligten auf dem Gebiete der Zwangsabtretung möglichst zu befördern. (Bericht der Kommission des Abgeordnetenhauses vom 4. März 1872, zu § 16, Bähr und Langerhans, das Gesetz über die Enteignung von Grundeigenthum vom 11. Juni 1874, 2. Ausgabe S. 59; Eger desgleichen, Ausgabe von 1891, Band II, S. 42; Loebell desgleichen, Ausgabe von 1884, S. 103). Sie können aber nur Anwendung finden, soweit der Gegenstand der Abtretung nach dem Befinden der zuständigen Behörde zu dem Unternehmen erforderlich ist, d. h. soweit die

Flächen, auf welche die Vereinbarungen sich erstrecken, in den von der zuständigen Behörde geprüften und vorläufig festgestellten Plan fallen.

Die erste Bedeutung des § 16 ergiebt sich schon aus seinem Wortlaute („Eine Einigung zwischen den Betheiligten über den Gegenstand der Abtretung . . . kann . . . stattfinden"), in Verbindung mit der Stellung dieses Paragraphen im Gesetze. Der Titel III des Gesetzes regelt das Enteignungsverfahren in den Abschnitten: 1. Feststellung des Planes. 2. Feststellung der Entschädigung. 3. Vollziehung der Enteignung. 4. Allgemeine Bestimmungen. Die §§ 15—23 bilden unter der Ueberschrift „Feststellung des Planes" den ersten Abschnitt, in welchem das Verwaltungsverfahren zur Feststellung des Planes im Einzelnen geregelt wird. Wenn es nun nach Anordnung der Prüfung und vorläufigen Feststellung des Planes (§ 15) und vor dem Antrage des Unternehmers auf seine förmliche Feststellung (§ 18) heisst, dass eine Einigung über den Gegenstand der Abtretung stattfinden könne, so kann das nur die Bedeutung haben, dass das in diesem Abschnitte geordnete Verwaltungsverfahren zur Feststellung des Planes und insbesondere die Feststellung des Gegenstandes der Enteignung oder der Abtretung durch eine solche Einigung ersetzt werden könne.

Diese Auffassung steht mit dem weiteren Inhalte des § 16 durchweg im Einklange.

Die Einigung erstreckt sich nicht etwa nur auf die Abtretung des Eigenthums, wie Seydel (Das Gesetz über die Enteignung von Grundeigenthum vom 11. Juni 1874, 2. Aufl., S. 103, 112) und Eger (II. S. 46 ff., 52) anzunehmen scheinen, sondern sie betrifft den Gegenstand der Abtretung schlechthin, und erst in zweiter Linie wird als ihr Zweck angegeben, dass sie zur Abtretung des Eigenthums, ebenso aber auch, dass sie zur Ueberlassung des Besitzes stattfinden könne. Seydel und Eger halten die Ausschaltung des Planfeststellungsverfahrens bei Vereinbarung der Abtretung des Eigenthums für zulässig, beachten aber nicht, dass die Einigung über den Gegenstand der Abtretung auch zum Zwecke der Ueberlassung des Besitzes erfolgen könne. Umgekehrt wird in den Ausführungen des Reichsgerichts im Erkenntnisse vom 23. Mai 1881 (Entsch. Bd. 5 S. 247) übersehen, dass § 16 auch die Vereinbarung der Abtretung des Eigenthums betrifft. Das Reichsgericht legt den Schwerpunkt des § 16 auf die Einigung über den Gegenstand der Abtretung und unterstützt in sofern die hier vertretene Auffassung. Wenn es aber daselbst ausführt, § 46 behandle zwei Fälle, erstens den, dass eine Einigung über den Gegenstand der Abtretung unter Vorbehalt der nachträglichen Feststellung der Entschädigung oder der Durchführung des Enteignungsverfahrens behufs Regelung der Rechte Dritter stattgefunden hat

(§ 16), zweitens den, dass in dem Verfahren betreffs Feststellung der Entschädigung eine Vereinbarung über diese zu Stande kommt (§ 26), und demgemäss eine während des Enteignungsverfahrens erfolgte Einigung zwischen dem Eigenthümer und dem Unternehmer über die Abtretung des Eigenthums gegen einen bestimmten Preis als nicht unter die §§ 16, 26 und 46 fallend ansieht, so geht es in der Betonung der ersten Bedeutung des § 16 — Einigung über den Gegenstand der Abtretung — offenbar zu weit. Dass sich die Einigung des § 16 nicht bloss auf den Gegenstand der Abtretung, und die Vereinbarung des § 26 nicht bloss auf die Höhe der Entschädigung, sondern dass sich beide auch auf die Abtretung des Eigenthums durch Auflassung erstrecken können, ist dem Wortlaute des § 46 ohne weiteres zu entnehmen: „Ist die Abtretung des Grundstücks durch Vereinbarung . . . erfolgt . . . in Gemässheit des § 16 . . . oder des § 26 . . .“ und im Falle des § 16 auch dessen Worten: „zum Zwecke der sofortigen Abtretung des Eigenthums“ (Vergl. im übrigen die Widerlegung der Ausführungen des Reichsgerichts bei Seydel, S. 165, 166, sowie auch § 57 Abs. 2 und das Erkenntniss des Reichsgerichts vom 6. November 1900, Entsch. Band 47 S. 311).

Der zweite Satz des § 16, dass „dabei“ die Entschädigung nachträglicher Feststellung vorbehalten werden könne, welche alsdann nach den Vorschriften dieses Gesetzes oder auch . . . sofort im Rechtswege erfolgen soll, setzt offenbar voraus, dass die Planfeststellung nach den Vorschriften des Gesetzes nicht stattzufinden brauche. Diese Bestimmung kann sich freilich nur auf die Abtretung des Eigenthums beziehen, und nicht auf den „Zweck“ der Ueberlassung des Besitzes; denn wenn die Abtretung des Eigenthums nicht vereinbart ist, wird zur Herbeiführung des Eigenthumsüberganges die Vollziehung der Enteignung nothwendig, welche die Feststellung der Entschädigung nach dem Gesetze zur Voraussetzung hat, sodass in diesem Falle von dem Vorbehalt einer solchen Feststellung nicht wohl die Rede sein kann. Dem entsprechend hat das Wort „dabei“ im zweiten, sowie im dritten Satze, dessen weiterer Inhalt später zu erörtern ist, die Bedeutung: bei der Einigung über den Gegenstand der Abtretung zum Zwecke der Abtretung des Eigenthums.

Es liegt aber auch kein sachlicher Grund mehr vor, den Gegenstand der Abtretung oder Enteignung im Verwaltungsverfahren festzustellen, wenn Unternehmer und Eigenthümer sich unter Zustimmung der zuständigen Behörde darüber geeinigt haben. Der vorläufigen Planfeststellung, die dem förmlichen Planfeststellungsverfahren zu Grunde liegt und an der erfahrungsmässig in diesem wesentliche Aenderungen nur ausnahmsweise vorzunehmen sind, ist bereits eine sorgfältige Prüfung durch die

Landespolizei- und die zuständigen Verwaltungsbehörden voraufgegangen. Zur landespolizeilichen Prüfung werden die von dem Unternehmen berührten Eigenthümer und sonst Betheiligten die Gemeindebehörden und die ausserdem zur Wahrnehmung öffentlicher Interessen zuständigen Behörden geladen und können, nöthigenfalls auch im Wege der Beschwerde, ihre Einwendungen gegen den Plan zur Geltung bringen. Im Prüfungstermine wird über den Plan in seiner ganzen Ausdehnung unter Berücksichtigung aller öffentlichen und privaten Interessen und unter Anhörung der Betheiligten verhandelt, sodass schon jetzt über die Ausgestaltung des Unternehmens, seine Richtung, den Flächenbedarf und alle für die benachbarten Grundstücke oder im öffentlichen Interesse zur Sicherung gegen Gefahren und Nachtheile nothwendigen Anlagen (§§ 14, 15) eine im wesentlichen erschöpfende Entscheidung getroffen werden kann. Der auf Grund dieser Verhandlungen und der von den zuständigen Behörden erstatteten Gutachten durch die gesetzlich dazu berufene Staatsbehörde vorläufig festgestellte Plan giebt den Eigenthümern, wie den übrigen Betheiligten die Gewähr, dass die Inanspruchnahme des Grundeigenthums nur nach dem Bedürfnisse des Unternehmens und des öffentlichen Wohles und unter thunlichster Schonung des Privateigenthums erfolgt. Sie bietet deshalb nicht nur eine zuverlässige Grundlage für Einigungen des Eigenthümers mit dem Unternehmer über den Gegenstand der Abtretung sondern sie schützt auch die Realberechtigten davor, dass der Eigenthümer bei der Einigung mit dem Unternehmer aus „Unkunde oder eigennütziger Absicht zu ihrem Nachtheile mehr als nöthig abtrete," was im § 16 in den einschränkenden Worten Ausdruck gefunden hat: „soweit er (der Gegenstand der Abtretung) nach dem Befinden der zuständigen Behörde zu dem Unternehmen erforderlich ist." (Vergl. die Motive zum Entwurfe vom 1. Mai 1871, Bähr und Langerhans S. 59.)

Die Zulässigkeit der Ausscheidung der förmlichen Planfeststellung aus dem Enteignungsverfahren durch eine Einigung über den Gegenstand der Abtretung wird endlich auch durch die Entstehungsgeschichte des Gesetzes bestätigt.

In den Entwürfen vom 19. November 1869 und vom 1. Mai 1871 lautete § 16: „Eine Einigung zwischen den Betheiligten über den Gegenstand der Abtretung, soweit er nach dem Befinden der zuständigen Behörde zu dem Unternehmen erforderlich ist, oder über die Entschädigung kann auch mit Vorbehalt der gerichtlichen Feststellung der letzteren zum Zwecke der Ueberlassung des Besitzes erfolgen." An diesen § 15 (jetzt § 16) schlossen sich im ersteren Entwurf unter § 16 (jetzt §§ 18 ff.) die Bestimmungen über die Feststellung des Planes und der Entschädigung im Verwaltungsverfahren mit den Eingangsworten an: „In Ermangelung einer gütlichen Einigung ....", womit u. a. ausgesprochen wurde, dass es einer Planfeststellung im Verwaltungsverfahren nicht bedarf, wenn eine Einigung nach § 16 stattgefunden hat.

Auch die Motive zum Entwurfe vom 1. Mai 1871 (Drucksachen des Hauses der Abgeordneten 1871/72, Bd. I, No. 6, S. 58) haben die Ersetzung der förmlichen Planfeststellung im Verwaltungsverfahren durch eine Einigung der Betheiligten als selbstverständlich behandelt. Zur Begründung dieser Vorschrift des § 16 führen sie aus, dass die Vereinigung nach der bisherigen Praxis bisweilen über das Objekt der Abtretung allein, bisweilen über das Objekt und eine vorläufige Entschädigung vorbehaltlich der gerichtlichen Entscheidung, erfolge, und fahren dann fort: „Es bedarf in beiden Fällen nur noch der Feststellung der Entschädigung."

Der endgiltigen Fassung der beiden ersten Sätze des § 16, welche den Wortlaut des Entwurfs beibehält und ihn nur durch ausdrückliche Einbeziehung auch der Abtretung des Eigenthums neben der Ueberlassung des Besitzes erweitert, liegen folgende Erwägungen zu Grunde: „.... Vereinigungen der Interessenten können erfolgen .... ohne Dazwischenkunft der Behörden. Diesen Fall behandelt der § 16. Sie können sich erstrecken sowohl auf den Gegenstand der Abtretung, als auf die Entschädigung, dürfen sich aber auch auf ersteren allein beschränken, die Feststellung der letzteren einem einzuleitenden Enteignungsverfahren vorbehalten ....." (Bericht der Kommission des Abgeordnetenhauses vom 4. März 1872, Drucksachen 1871/72 Bd. III, No. 223 S. 20).

Inhalt und Entstehungsgeschichte des § 16, sowie seine Stellung in dem die Feststellung des Planes regelnden Abschnitte des Gesetzes rechtfertigen die Auslegung, dass die Planfeststellung im Enteignungsverfahren durch eine Einigung des Unternehmers mit dem Eigenthümer über den Gegenstand der Abtretung ersetzt werden darf, was übrigens auch der Absicht des Gesetzes, die Einigungen auf dem Gebiete der Zwangsabtretung möglichst zu fördern, nur entspricht. (Vergl. die Erlasse des Ministers der öffentlichen Arbeiten vom 8. März 1897, Eisenbahn-Verordnungsblatt S. 45 und vom 20. Mai 1899 No. 4, E.-V.-Bl. S. 163, Ministerialblatt für die gesammte innere Verwaltung S. 90, sowie den Rekursbescheid vom 28. Dezember 1898, Archiv für Eisenbahnwesen S. 693.)

Die Einigung über den Gegenstand der Abtretung zum Zwecke der Ueberlassung des Besitzes besteht in der Vereinbarung der Bauerlaubniss und zugleich des Gegenstandes der Abtretung an Stelle der Planfeststellung im Enteignungsverfahren. Die Vereinbarung der Bauerlaubniss, welche auch ohne die Einigung nach § 16 und unabhängig vom Enteignungsverfahren erfolgen kann, bedarf an sich keiner besonderen Form (§ 854 des Bürgerlichen Gesetzbuchs), wird aber auch in letzterem Falle zur Sicherung des Beweises gewöhnlich schriftlich abgeschlossen und hat meist zum Inhalte, dass der Eigenthümer, gegebenenfalls auch der Besitzer, (§ 11) darein willige, dass der Unternehmer sich zum Zwecke der Bauausführung jederzeit in den Besitz der dazu erforderlichen Theile seines Grundeigenthums setzen könne, jedoch unter dem Vorbehalt aller Rechte auf Entschädigung im Wege der Vereinbarung oder des Enteignungsverfahrens, dass die Entschädigungssumme vom Tage der Inanspruchnahme des Baues auf dem Grundstücke mit einem bestimmten Prozentsatz verzinst werde und dass bei der Besitzergreifung der Kulturzustand, der Aufwuchs oder die Bestellung der Fläche unter Zuziehung beider Theile festgestellt werden soll.

Ertheilt der Eigenthümer nur die Bauerlaubniss, erstreckt sich also die Vereinbarung lediglich auf die Ueberlassung des Besitzes, so ist der Unternehmer zwar in der Lage, auf dem ihm überlassenen Grundstücke mit der Bauausführung zu beginnen. Er ist aber, um das Eigenthum daran zu erwerben, genöthigt, die Durchführung des Enteignungsverfahrens und zwar zunächst die Einleitung des Verfahrens zur Feststellung des Planes nach §§ 18 ff. zu beantragen; die blosse Bauerlaubniss hat nur die Bedeutung einer einstweiligen Verständigung bis zum Abschlusse des Enteignungsverfahrens. (Loebell S. 104.)

Soll die Ueberlassung des Besitzes mit einer Einigung über den Gegenstand der Abtretung nach § 16 verbunden werden, so muss die Vereinbarung noch mindestens das ausdrückliche Einverständniss des Eigenthümers damit enthalten, dass diejenigen Theile seines Eigenthums, welche nach Massgabe des ihm bekannten, landespolizeilich geprüften und von der durch das Gesetz (§ 15 des Enteignungsgesetzes — bei Eisenbahnen §§ 4, 14 des Gesetzes über die Eisenbahnunternehmungen vom 3. November 1838, § 158 des Zuständigkeitsgesetzes) berufenen Behörde vorläufig festgestellten Planes zu dem Unternehmen erforderlich sind, den Gegenstand der Abtretung oder der Enteignung derart bilden sollen, dass es der Durchführung des Planfeststellungsverfahrens nach §§ 18 ff. nicht mehr bedarf. Diese Einigung setzt den Unternehmer ausserdem in den Stand, nach Vorlage der darüber aufgenommenen Urkunde und auf Grund der nach § 24 des Enteignungsgesetzes vom Regierungspräsidenten zu ertheilenden Bescheinigung zur Durchführung des Enteignungsverfahrens, insbesondere zur Herbeiführung der demnächstigen Vollziehung der Enteignung unmittelbar den Antrag auf Feststellung der Entschädigung nach §§ 24 ff. des Gesetzes zu stellen.

Die Einigung über den Gegenstand der Abtretung zum Zwecke der

Abtretung des Eigenthums besteht in einer Vereinbarung, in welcher der Eigenthümer sich verpflichtet, das Eigenthum an dem Grundstücke, das den Gegenstand der Abtretung bildet, auf den Unternehmer zu übertragen (§ 313 des Bürgerlichen Gesetzbuchs, Art. 12, § 1 Abs. 2 des preussischen Ausführungsgesetzes zum Bürgerlichen Gesetzbuch), und durch welche zugleich der Gegenstand der Abtretung zum Mindesten in der für die Einigung zum Zwecke der Ueberlassung des Besitzes dargestellten Weise an Stelle der förmlichen Planfeststellung im Verwaltungsverfahren bestimmt wird. In der Vereinbarung kann die Feststellung der Entschädigung nach den Vorschriften des Gesetzes oder sofort im Rechtswege vorbehalten (§ 16 Satz 2), es kann aber auch die Höhe der Entschädigung sogleich bestimmt werden. Der Fall unmittelbarer Vereinbarung der Entschädigung in bestimmter Höhe ist zwar im Gesetze nicht ausdrücklich erwähnt, fällt aber als der Normalfall, den der zweite Satz des § 16 als selbstverständlich voraussetzt, ebenso unter die Vereinbarungen des § 16, wie die ihm gleichzustellende Abrede, dass die Höhe der Entschädigung von einem dritten bestimmt werden solle.

Die Erleichterung des lastenfreien Erwerbes der Grundstücke, welche § 16 an zweiter Stelle behandelt, kommt selbstverständlich bei denjenigen Vereinbarungen nicht in Betracht, welche neben der Ausschaltung der förmlichen Planfeststellung aus dem Enteignungsverfahren nur die Ueberlassung des Besitzes zum Gegenstande haben, sondern betrifft lediglich diejenigen Einigungen, welche die Abtretung des Eigenthums bezwecken. Sie besteht neben den die Vertragsschliessung erleichternden Vorschriften und der Kostenfreiheit (§§ 16, 17, 43) vor allem in der Verbindung der Rechtswirkungen der Enteignung mit dem durch Vereinbarung herbeigeführten Eigenthumsübergange, indem kraft Gesetzes (§ 46) — ähnlich wie im Falle des § 26 — an den nach § 16 vereinbarten Eigenthumsübergang unter Umständen die sonst nur als Folge der Vollziehung der Enteignung eintretenden Wirkungen des § 45 geknüpft werden.

Die angezogenen Paragraphen lauten:

§ 45. „Das enteignete Grundstück wird mit dem im § 44 bestimmten Zeitpunkte von allen darauf haftenden privatrechtlichen Verpflichtungen frei, soweit der Unternehmer dieselben nicht vertragsmässig übernommen hat.

Die Entschädigung tritt rücksichtlich aller Eigenthums-, Nutzungs- und sonstigen Realansprüche, insbesondere der Reallasten, Hypotheken und Grundschulden an die Stelle des enteigneten Gegenstandes."

§ 46. „Ist die Abtretung des Grundstücks durch Vereinbarung zwischen Unternehmer und Eigenthümer erfolgt und zwar in Gemässheit des § 16 unter Durchführung des Enteignungsverfahrens oder in Gemässheit des § 26, so treten die rechtlichen Wirkungen des § 45 auch in diesem Falle ein. Hypotheken- und Grundschuldgläubiger, sowie Realberechtigte können jedoch, soweit ihre Forderungen durch die zwischen Unternehmer und Eigenthümer vereinbarte Entschädigungssumme nicht gedeckt werden, deren Festsetzung im Rechtswege gegen den Unternehmer fordern, wobei die Beweisvorschriften der §§ 30 und 40 zur Anwendung kommen."

Während die Rechtswirkungen der Enteignung im Falle des § 26, d. i. bei Vereinbarung der Abtretung des Grundstücks in der kommissarischen Verhandlung über die Entschädigung (§ 25), ohne weiteres eintreten, soll dies im Falle des § 16 nur „unter Durchführung des Enteignungsverfahrens" geschehen.

Auf diese Bedingung bezieht sich offenbar der Schlusssatz des § 16:

> „Es kann ferner dabei behufs Regelung der Rechte Dritter die Durchführung des förmlichen Enteignungsverfahrens, nach Befinden ohne Berührung der Entschädigungsfrage, vorbehalten werden."

Zur Entscheidung der Frage, wann die die Rechte Dritter — der Realberechtigten — betreffenden Wirkungen der Enteignung im Falle der Einigung nach § 16 auf Grund des § 46 eintreten, bedarf es der näheren Untersuchung, was unter der im § 46 als Bedingung geforderten Durchführung des Enteignungsverfahrens zu verstehen ist, und welche Bedeutung dem Schlusssatze des § 16, insbesondere in seiner Beziehung zu § 46 zukommt.

II.

Die Bedingung der Durchführung des Enteignungsverfahrens.

1. Die Auslegung des Gesetzes.

Die Ansichten der Ausleger des Gesetzes gehen darüber, was unter der Durchführung des Enteignungsverfahrens gemäss §§ 16, 46 zu verstehen sei, auseinander. Fast jeder hat sich eine besondere Meinung gebildet. Keine dieser Meinungen aber steht, wie zum Theil offen eingeräumt wird, mit dem Gesetz oder doch mit der Absicht des Gesetzes, die gütlichen Einigungen nach Möglichkeit zu fördern, im Einklang.

Loebell (S. 106) versteht darunter zunächst das Planfeststellungsverfahren. Das Entschädigungsfeststellungsverfahren hält er für entbehrlich, da das Gesetz sogar die Durchführung des Enteignungsverfahrens „ohne Berührung der Entschädigungsfrage" gestatte. Diese Auslegung widerspricht insofern der offenbaren Absicht des Gesetzes, den Realberechtigten (den Dritten), wie bei der Enteignung, so auch bei der freiwilligen Eigenthumsübertragung ausreichenden Schutz zu gewähren, als das wesentliche Interesse der Realberechtigten der Natur der Sache nach nur die Höhe der Entschädigung betrifft, während die förmliche Planfeststellung in Anbetracht der Vorschrift des § 15 für sie nicht nur von geringerer Bedeutung ist (vergl. S. 1172, 1173), sondern auch in jedem Enteignungsverfahren durch eine Einigung über den Gegenstand der Abtretung nach § 16 ausgeschaltet werden kann. Da sie, um ihre Interessen zu schützen, in erster Linie einen Anspruch auf Feststellung der Entschädigung im Verwaltungsverfahren haben müssen, erscheint die Ausschliessung des Verfahrens zur Feststellung der Entschädigung widersinnig, die Forderung des Planfeststellungsverfahrens aber nicht begründet. Schon deshalb liegt die Vermuthung nahe, dass die Worte „ohne Berührung der Entschädigungsfrage" eine andere Bedeutung haben müssen, als sie ihnen hier zur Begründung einer nicht annehmbaren Auslegung gegeben wird.

Eger (II S. 39, 56, 57) versteht unter der Durchführung des Enteignungsverfahrens gemäss §§ 16, 46 die Durchführung des Verfahrens zur Feststellung des Planes, des Verfahrens zur Feststellung der Entschädigung und die Vollziehung der Enteignung. Behring (Ueber die zulässige Einigung im Sinne der §§ 16, 17, 26 des Gesetzes über die Enteignung von Grundeigenthum, Archiv für Eisenbahnwesen von 1889 S. 657, 662) will ebenfalls alle Abschnitte des Enteignungsverfahrens durchgeführt wissen. Nur soll die Feststellung der Entschädigung durch den Beschluss nach § 29 lediglich in der Feststellung der vereinbarten Entschädigung bestehen, wobei jedoch die besonderen Ansprüche der Nebenberechtigten aus § 11 berücksichtigt werden sollen.

Diese Auslegungen, namentlich die von Eger, scheinen auf den ersten Blick den Wortlaut des Gesetzes für sich zu haben. Indessen zwingen die Worte „unter Durchführung des Enteignungsverfahrens" bei näherer Prüfung dazu nicht; denn sie schreiben keineswegs vor, dass die Rechtswirkungen der Enteignung erst nach Durchführung des förmlichen Enteignungsverfahrens (vergl. Schlusssatz des § 16) eintreten sollen. Vielmehr enthalten sie nur einen so unbestimmten Hinweis auf das Verfahren, dass im Gegensatz zu jener Annahme die übrigen Gesetzesauslegungen mit Recht darunter nur dessen theilweise Durchführung verstehen.

Gegen beide Gesetzesauslegungen fällt nun aber auch ins Gewicht, dass sie den dem § 16 zu Grunde liegenden Ausführungen des Berichts der Kommission des Abgeordnetenhauses vom 4. März 1872 widersprechen, welche nur die Durchführung des Enteignungsverfahrens „mindestens soweit, als es das Aufgebot der Realberechtigten zum

Gegenstande" habe, für nothwendig, diese beschränkte Durchführung also unter Umständen für ausreichend erachten. Andererseits würden die Vorschriften des § 16 zu der vom Gesetze beabsichtigten Förderung gütlicher Einigungen wenig geeignet sein, wenn neben und trotz der Einigung über den Gegenstand der Abtretung zum Zwecke der Abtretung des Eigenthums mit Rücksicht auf die Rechte Dritter das ganze Enteignungsverfahren unverkürzt durchgeführt werden müsste.

Beide Schriftsteller legen unter diesen Umständen den Einigungen nach § 16 überhaupt nicht viel Werth bei. Eger (II S. 38, 40, 59, 481) erblickt noch darin Vortheile, dass die Punkte, über welche Unternehmer und Eigenthümer sich geeinigt haben, aus dem weiteren Verfahren ausscheiden und dass die sonstigen erleichternden Bestimmungen des Gesetzes den Einigungen zu statten kommen. Ersteres ist, da die Realberechtigten im völlig durchzuführenden Verfahren meist die gleichen Anträge, wie die Eigenthümer, stellen können, kaum von Bedeutung. Letzteres betrifft, da stets die Vollziehung der Enteignung stattfinden soll, nur die Erleichterungen des Vertragsschlusses und die Kostenfreiheit. Auch diese Erleichterungen sind aber ohne Belang, wenn sie nur einer Einigung zu statten kommen sollen, die angesichts der Nothwendigkeit, das ganze Enteignungsverfahren ohnehin durchführen zu müssen, wohl entbehrlich erscheint. Behring (S. 664) hält denn auch die verbleibenden Vortheile für so gering, dass nach seiner Ansicht der freihändige Erwerb nach § 16 nur dann, wenn das zu erwerbende Grundstück frei von Realansprüchen sei, noch für nützlich zu erachten, in allen übrigen Fällen aber diesem stets die Durchführung des ganzen Enteignungsverfahrens vorzuziehen sei.

Schon hiernach erscheinen die Vorschriften des § 46, insoweit sie sich auf die Einigung nach § 16 beziehen, eigentlich überflüssig. Es ist aber schwerlich gerechtfertigt, dem Gesetzgeber zu unterstellen, dass er eine überflüssige Bestimmung getroffen habe, so lange diese eine Auslegung zulässt, die ihre Zweckmässigkeit nachweist.

Wenn ferner die Ansicht Egers (II S. 56) nur zu billigen ist, dass die Realberechtigten nicht verpflichtet sind, die ohne ihre Zuziehung oder Zustimmung zwischen dem Unternehmer und dem Eigenthümer vereinbarte Entschädigung als für die Befriedigung ihrer Ansprüche massgebend anzuerkennen, so ist doch nicht ersichtlich, inwiefern daraus folgen solle, dass bei Durchführung des Enteignungsverfahrens behufs Regelung der Rechte Dritter in allen Fällen die Entschädigung im Verwaltungsverfahren festgestellt werden müsse. Die Annahme Egers, als träten die enteignungsrechtlichen Wirkungen nach § 46 ein, sobald durch den Enteignungsbeschluss konstatirt werde, dass die Entschädigungsbeträge gezahlt oder hinterlegt seien, entbehrt der gesetzlichen Begründung. Der Enteignungsbeschluss (§ 32) besteht nicht in einer solchen Konstatirung. Diese ist nur eine der Voraussetzungen für den Erlass des Enteignungsbeschlusses, welcher als Vollziehung der Enteignung den Haupt- und Schlussakt des ganzen Verfahrens bildet und keinen anderen Inhalt hat als: die „Enteignung des Grundstücks", d. h. die Entziehung oder dauernde Beschränkung des Grundstücks mit den Rechtswirkungen der §§ 44, 45, und im Falle des besonderen Verfahrens nach § 6: die „Enteignung der Rechte am Grundeigenthum", d. h. die Entziehung oder dauernde Beschränkung dieser Rechte. Erfolgt aber die Vollziehung der Enteignung, so sind damit zugleich und untrennbar (§§ 32, 33, 44, 45) die auf dem Grundstücke haftenden Realrechte erloschen, soweit sie der Unternehmer nicht etwa vertragsmässig übernommen hat (§ 45 Abs. 1). Für die Anwendung des § 46 ist dann kein Raum mehr, sodass bei dieser Gesetzesauslegung die Vorschrift des § 46, insoweit sie sich auf die Einigung nach § 16 bezieht, in der That überflüssig wäre.

Behring (S. 656, 657) glaubt, dass in dem Enteignungsverfahren, welches behufs Regelung der Rechte Dritter ganz durchzuführen sei, „die Präklusion der Rechte Dritter im Wege eines Aufgebotsverfahrens niemals herbeigeführt werden könne, weil diesen Dritten nach § 46 stets ein im Rechtswege verfolgbarer Anspruch auf Festsetzung der Entschädigung gesichert sei." Die Berufung auf § 46 ist nicht gerechtfertigt, weil dieser Paragraph bei der von Behring für nothwendig gehaltenen Vollziehung der Enteignung, welche das Erlöschen der Realrechte schon nach §§ 32, 33, 44, 45 zur Folge hat, nicht mehr zur Anwendung kommen kann. Dass aber die Präklusion der Rechte Dritter im Verwaltungsverfahren, unbeschadet des nach § 30 zugelassenen Rechtswegs, herbeigeführt werden könne, ergiebt sich schon aus § 25 Abs. 5 des Gesetzes. (Vergl. auch Erkenntniss des Reichsgerichts vom 30. Juni 1881, Entsch. Band 5 S. 282). Weil Behring stets die Feststellung der vereinbarten Entschädigung unter Berücksichtigung etwaiger Ansprüche der Nebenberechtigten (§ 11) fordert, kommt er zu dem folgerichtigen, aber unbefriedigenden Schlusse, dass „der Ausdruck im § 16 ‚ohne Berührung der Entschädigungsfrage' nicht genau zutreffend" sei.

Sehr bedenklich erscheint es, die Realberechtigten nach § 25 behufs Geltendmachung ihrer Rechte zur kommissarischen Verhandlung zu laden und trotzdem unter Nichtachtung der demgemäss rechtzeitig von ihnen gestellten Anträge — abgesehen von dem Anspruche der Nebenberechtigten — immer die vereinbarte Entschädigung im Beschlusse nach § 29 zur Feststellung zu bringen.

Die Ansicht Behrings führt zu dem Ergebnisse, dass zwar immer der Plan, niemals aber die Entschädigung im Verwaltungsverfahren festgestellt wird, da die Feststellung der vereinbarten Entschädigung nur eine formale Bedeutung hat, während umgekehrt das Interesse der Realberechtigten an der Planfeststellung gering, an der Höhe der Entschädigung aber wesentlich ist.

Das Bedenken, dass im Verwaltungsverfahren über rechtzeitig gestellte bestimmte Anträge Dritter einfach hinweggegangen werden soll, ist auch gegenüber der Auslegung geltend zu machen, welche Fritsch (Mittheilungen aus dem Gebiete des Enteignungsrechts, insbesondere des Enteignungsverfahrens, Archiv für Eisenbahnwesen 1892 S. 517—519) vertritt. Darnach soll zur Durchführung des Enteignungsverfahrens behufs Regelung der Rechte Dritter nicht unbedingt eine Festsetzung der Entschädigung, wohl aber die Vollziehung der Enteignung gehören, diese aber in dem Ausspruche bestehen, dass die auf dem Grundstücke haftenden privatrechtlichen Verpflichtungen erloschen seien.

Zutreffend ist es, dass die Feststellung der Entschädigung nicht unbedingt erforderlich ist, da sie in allen Fällen, in denen Dritte keine Anträge auf Aenderung oder ausdrückliche Feststellung der vereinbarten Entschädigung gestellt haben, keinen Zweck haben würde.

Insofern aber die Entbehrlichkeit der Entschädigungsfeststellung etwa auf den Fall beschränkt werden soll, dass zwischen dem Unternehmer und dem Eigenthümer vereinbart worden sei, die Entschädigungsfrage solle „unberührt" bleiben, würde dagegen einzuwenden sein, dass es damit dem Belieben des Unternehmers und des Eigenthümers überlassen werden würde, zu bestimmen, was unter der Durchführung des Enteignungsverfahrens im Einzelfalle zu verstehen sei, obwohl davon der Eintritt der für die Realberechtigten wichtigsten Rechtswirkungen (§ 46) abhängt. Die Interessen der Realberechtigten kommen, wie Fritsch (a. a. O. S. 516) mit Recht hervorhebt, der Hauptsache nach nur bei der Berechnung und Verwendung der Entschädigung in Betracht. Um so weniger wird man aber Anträge der Realberechtigten, die gerade diese betreffen, je nach der Abrede des Unternehmers und Eigenthümers unberücksichtigt lassen dürfen.

Zur Begründung der Forderung, dass im Falle der §§ 16, 46 stets die Vollziehung der Enteignung stattfinden müsse, wird ausgeführt, dass es ohne sie dem Verfahren an einem Abschlusse fehlen würde, dass dafür gesorgt werden müsse, dass die Entschädigung, auf welche die Realberechtigten zum Ersatze für den Untergang ihrer Rechte verwiesen würden, thatsächlich der Verfügung sowohl des Eigenthümers als des Unternehmers entzogen werde, und dass eine genaue Bestimmung des Zeitpunktes nothwendig sei, mit welchem sich das Erlöschen ihrer Rechte vollziehe (a. a. O. S. 518, 519). Demgegenüber ist darauf hinzuweisen, dass diese Gründe ebenso auf den Fall der Vereinbarung nach §§ 26, 46 zutreffen, dass aber hier nach der unzweideutigen und klaren Vorschrift des § 46 die Rechtswirkungen des § 45 bei Erfüllung der gesetzmässigen Voraussetzungen ohne weitere Bedingungen und namentlich auch ohne die Vollziehung der Enteignung eintreten (vergl. im übrigen S. 1193 ff.). Dasselbe gilt von der unter Anziehung des § 16 erfolgten Erwähnung der „vereinbarten (§§ 16, 26) Entschädigungssumme“ im § 32, weil daselbst auch der § 26 angezogen wird.

Können diese Ausführungen die Nothwendigkeit der Vollziehung der Enteignung im Falle einer Vereinbarung nach §§ 16, 46 nicht beweisen, so ist sogar dem Inhalte der §§ 30 und 32 zu entnehmen, dass die Enteignung ohne Feststellung der Entschädigung überhaupt nicht stattfinden darf. Die Vollziehung der Enteignung setzt nach § 32 — von den dringlichen Fällen des § 34 abgesehen — immer die Erledigung des nach § 30 vorbehaltenen Rechtswegs, der diesen Rechtsweg zulassende § 30 aber wiederum die „Entscheidung der Regierung“, d. i. eine vorläufig festgestellte Entschädigung voraus. Fehlt es an der letzteren, so ist daher die Erfüllung jener nach § 32 für die Vollziehung der Enteignung in erster Linie massgebenden Voraussetzung nicht möglich, und die Enteignung kann nicht ausgesprochen werden. Auch würde eine Enteignungserklärung ohne solche Feststellung zur Folge haben, dass die Realberechtigten ihr gesetzmässiges Klagerecht verlieren. Denn der Rechtsweg nach § 30 ist ihnen ohne die vorausgesetzte „Entscheidung der Regierung“ verschlossen, der Rechtsweg nach § 46 Satz 2 aber nicht geöffnet, weil die Rechtswirkungen des § 45 dann schon auf Grund der Enteignung gemäss §§ 32, 33, 44, 45 eintreten und die Anwendung des § 46, welcher nur die Folgen des vertragsmässigen Eigenthumsüberganges durch Auflassung regelt, nicht mehr in Frage kommt. Treten ferner die Rechtswirkungen des § 45 bei Vereinbarung des Eigenthumsüberganges nach § 16 immer schon auf Grund der Enteignung (§§ 32, 33, 44, 45) ein, so erscheinen die Vorschriften des § 46, insoweit sie sich auf die Einigung nach § 16 beziehen, überflüssig, was aber ohne weiteres nicht angenommen werden darf (vergl. S. 1179). Dass der Enteignungsbeschluss die vorgängige Feststellung der Entschädigung erfordert, entspricht übrigens lediglich dem neunten Artikel der Verfassungsurkunde, wonach das Eigenthum nur gegen vorgängige (§ 32), in dringenden Fällen (§ 34) wenigstens vorläufig festzustellende Entschädigung entzogen oder beschränkt werden darf (vergl. Bericht der Kommission des Hauses der Abgeordneten, Drucksachen von 1871—72, Band III No. 223 S. 31, 33 und 35).

Die Forderung, dass die Vollziehung der Enteignung im vorliegenden

Falle in dem Ausspruche bestehen solle, dass die auf dem Grundstücke haftenden privatrechtlichen Verpflichtungen erloschen seien, wird von Fritsch (S. 520, 521) aus der Berechtigung des Unternehmers zur Stellung des Enteignungsantrags gegen den Eigenthümer hergeleitet, da er nach der Rechtsregel, „in majore minus" auch für befugt erachtet werden müsse, den Enteignungsantrag auf die Regelung der Rechte Dritter zu beschränken. Das Gesetz kennt indessen nur zwei Arten der Enteignung: die Entziehung oder Beschränkung des Grundeigenthums und die Entziehung oder Beschränkung der Rechte am Grundeigenthume. Die erste Art wird als der Normalfall im Gesetze geregelt, für die zweite Art gelten nach § 6 die gleichen Bestimmungen. Diese können selbstverständlich nur analoge Anwendung finden. So kann die Feststellung der Entschädigung, die im ersten Falle auf den Werth des Grundstücks geht, im zweiten Falle nur den Werth des zu entziehenden oder zu beschränkenden Rechtes betreffen. Die Vollziehung der Enteignung (Enteignungserklärung), welche im ersten Falle die Enteignung des Grundstücks, d. h. die Entziehung oder dauernde Beschränkung des Grundeigenthums ausspricht, kann im zweiten Falle nur auf die Enteignung der Rechte am Grundeigenthume, d. h. deren Entziehung oder dauernde Beschränkung lauten. Die Annahme eines weiteren Enteignungsverfahrens zur Beseitigung der Rechte Dritter findet im Gesetze keine Stütze, kann insbesondere schwerlich aus dem Schlusssatze des § 16, dessen Fassung augenscheinlich dazu Anlass gegeben hat, hergeleitet werden. Das Gesetz spricht nicht von einem Enteignungsverfahren zur Regelung der Rechte Dritter. In dem Wortlaut: „es kann behufs Regelung der Rechte Dritter die Durchführung des förmlichen Enteignungsverfahrens vorbehalten werden" wird die Regelung der Rechte Dritter nur als Beweggrund für den Vorbehalt in Bezug genommen und der Vorbehalt der Durchführung nicht eines besonderen, sondern lediglich des förmlichen Enteignungsverfahrens zugelassen.

Jene Annahme würde ferner mit der Vorschrift des § 6 nicht vereinbar sein. Das daselbst behandelte Verfahren zur Entziehung und Beschränkung der Rechte am Grundeigenthume findet grundsätzlich nur unter der Voraussetzung statt, dass die zu enteignenden Rechte am Grundeigenthume seiner Benutzung zu dem öffentlichen Zwecke entgegenstehen (Loebell S. 39, Eger I S. 94, Dalcke S. 50). In dem von Fritsch jederzeit — auch ohne Vorbehalt — für zulässig erachteten besonderen Verfahren zur Beseitigung der Realrechte würde es zu dem nämlichen Zwecke der Erfüllung dieser Voraussetzung nicht bedürfen, was zu einem unlösbaren Widerspruche mit § 6 führt.

Andrerseits kann das vorzubehaltende Verfahren aber auch nicht das Verfahren zur Entziehung der Rechte nach § 6 sein, schon weil die

Voraussetzung dafür meist fehlen wird. Denn die Belastung eines Grundstücks mit privatrechtlichen Verpflichtungen ist an sich kein Hinderniss für seine Benutzung zu dem Unternehmen, wie denn nach § 45 sogar die Uebernahme solcher Verpflichtnngen durch den Unternehmer ausdrücklich vorgesehen ist. Das Gesetz will aber offenbar ausnahmslos jenen Vorbehalt und die Durchführung des Verfahrens zulassen.

Es wäre überdies nicht verständlich, weshalb das Gesetz die Durchführung eines lediglich gegen Dritte gerichteten Enteignungsverfahrens zur Entziehung der Rechte am Grundeigenthum in einem zwischen dem Unternehmer und dem bisherigen Eigenthümer abzuschliessenden Vertrage zum Gegenstand eines Vorbehaltes habe machen wollen. Endlich würden die auf Antrag eines Nebenberechtigten (§ 11) oder des Eigenthümers nach § 29 Abs. 2 zu bewirkenden Feststellungen, die unzweifelhaft zur „Regelung der Rechte Dritter" gehören, in einem besonderen Verfahren zur Entziehung von Rechten nicht möglich sein, da von dem „Werthe des enteigneten Grundeigenthums" oder von der „für das Eigenthum festgestellten Entschädigungssumme" in einem solchen nicht die Rede ist.

Hiernach kann es sich im Schlusssatze des § 16 nur um das gegen den Eigenthümer gerichtete Verfahren zur Enteignung des Grundstücks handeln. In der That ist eine Vereinbarung darüber, ob dieses Verfahren unter Umständen noch durchgeführt werden könne, nicht überflüssig, sondern für das in Rede stehende Vertragsverhältniss von wesentlicher Bedeutung, weil die Vereinbarung der Abtretung des Eigenthums gerade die Abstandnahme von der Durchführung des Enteignungsverfahrens bezweckt, sodass ohne den Vorbehalt nach dem Schlusssatze des § 16, welcher die Durchführung des Enteignungsverfahrens trotz und neben der Vereinbarung der Abtretung des Eigenthums offen hält, der Unternehmer, wenn nicht öffentlich-rechtlich, so doch vertraglich gehindert sein würde, die Regelung, insbesondere Beseitigung der Realrechte im Verwaltungswege herbeizuführen, sofern nicht etwa in letzterem Falle ausnahmsweise die Voraussetzungen für das Verfahren zur Entziehung der Rechte nach § 6 vorliegen sollten.

Seydel (S. 112, 113) hält, abgesehen von etwaigen Ansprüchen der Nebenberechtigten (§ 11), auf welche sich der Beschluss nach § 29 zu erstrecken hätte, die Feststellung der Entschädigung durch die Enteignungsbehörde für entbehrlich, da es genüge, in dem Beschlusse zu konstatiren, dass die Entschädigungsfrage zwischen Unternehmer und Eigenthümer im Wege der Vereinbarung ihre Erledigung gefunden habe. Die Bedenken, welche dagegen bestehen, dass über die im Verwaltungsverfahren rechtzeitig gestellten Anträge der Realberechtigten ohne weiteres hinweggegangen werden soll, sind schon hervorgehoben worden. Auch entsteht die Frage, welchem Zwecke der verlangte rein formale Beschluss des Bezirksausschusses namentlich in der Mehrzahl der Fälle, wo Ansprüche Nebenberechtigter (§ 11) nicht vorhanden sind, dienen soll. Seydel verschliesst sich denn auch den Gründen, welche unter Umständen für die Feststellung der Entschädigung sprechen, nicht. Er zögert nur, sich dafür zu erklären, weil aus der Fassung der §§ 45 und 46 der Einwand dagegen erhoben werden könnte, dass, wenn über die zu gewährende Entschädigung eine Vereinbarung stattgefunden habe, nunmehr ohne weiteres ebenso wie nach § 45 die durch Beschluss der Enteignungsbehörde festgestellte, so nach § 46 die vertragsmässig vereinbarte Entschädigung rücksichtlich der Ansprüche Dritter an die Stelle des enteigneten bezw. abgetretenen Grundstücks treten müsse. Dieser Einwand greift aber hier nicht durch, weil er den § 46 ohne weiteres anwendet, obwohl derselbe mit Bezug auf § 16 nur unter Voraussetzungen anwendbar ist, deren Inhalt erst klargestellt werden soll. Der Einwand behandelt die Bedingungen für den Eintritt der Rechtswirkungen der §§ 46, 45 im Falle des § 16 als erfüllt, wenn nur über die zu gewährende Entschädigung eine Vereinbarung stattgefunden hat, während zu jenen Bedingungen die „Durchführung des Enteignungsverfahrens" gehört, und gerade in Frage steht, was unter dieser Bedingung zu verstehen und wann sie als erfüllt anzusehen sei.

Die Ausführungen von Bähr und Langerhans (S. 60, 112, 113), sowie von Dalcke (S. 80 ff., 132) lassen eine bestimmte Ansicht über die Frage nicht erkennen.

Das Ergebniss der Gesetzesauslegungen geht dahin, dass jeder Ausleger die Bedingung der Durchführung des Enteignungsverfahrens anders auffasst. Bald wird darunter nur das Planfeststellungsverfahren verstanden, bald das Entschädigungsfeststellungsverfahren und zwar dieses einerseits immer ohne, andrerseits immer mit Feststellung der Entschädigung, im letzteren Falle wiederum unter Feststellung der vereinbarten oder unter Feststellung einer anderen Entschädigung, bald die Durchführung des Enteignungsverfahrens mit allen seinen Formen und Abschnitten.

2. Der Zweck der Bedingung.

Die Frage, was unter der „Durchführung des Enteignungsverfahrens", welche zur Abtretung des Grundstücks durch Vereinbarung zwischen dem Unternehmer und dem Eigenthümer hinzukommen muss, um den Eintritt der enteignungsrechtlichen Wirkungen des § 45 herbeizuführen, zu verstehen sei, lässt sich nur beantworten, wenn auf den Zweck dieser Vorschrift des § 46 näher eingegangen wird. Die blosse Wortauslegung ohne Rücksicht auf die gesammte Rechts- und Sachlage führt zu keinem befriedigenden Ergebniss. Auch kann die Frage nicht auf Grund der Vorschrift des Schlusssatzes des § 16, dass die Durchführung des förmlichen Enteignungsverfahrens vorbehalten werden könne, entschieden werden. Diese steht zwar in unmittelbarer Beziehung zu § 46 und muss sich mit dessen Auslegung in Uebereinstimmung befinden. Aber sie betrifft nur einen Vorbehalt, ist lediglich vorbereitender Natur und nur insofern von Bedeutung für die Bedingung des § 46, als sie deren Erfüllung ermöglicht.

Bei der Prüfung der Frage ist demnach von dem Inhalte des § 46 auszugehen. Hiernach treten die rechtlichen Wirkungen des § 45 auch bei „Abtretung des Grundstücks durch Vereinbarung zwischen Unternehmer und Eigenthümer" ein, „und zwar in Gemässheit des § 16 unter Durchführung des Enteignungsverfahrens oder in Gemässheit des § 26". Was die Vereinbarung nach § 26 anbelangt, so hat nach der Vorschrift dieses Paragraphen „der Kommissar eine Vereinbarung der Betheiligten zu Protokoll zu nehmen und ihnen eine Ausfertigung auf Verlangen zu ertheilen. Das Protokoll hat die Kraft einer gerichtlichen Urkunde. In Bezug auf die Rechtsverbindlichkeit der vor dem Kommissar abgeschlossenen Verträge kommen die Bestimmungen des § 17 Abs. 2 bis 5 zur Anwendung".

Die Vereinbarung nach § 16 betrifft in erster Linie den Gegenstand der Abtretung und erfolgt regelmässig schon vor Einleitung des Planfeststellungsverfahrens. Die Vereinbarung nach § 26 erfolgt dagegen im Verfahren zur Feststellung der Entschädigung und wird demnach in erster Linie die Höhe der Entschädigung betreffen. Beide können sich aber auch auf die Verpflichtung zur Uebertragung des Eigenthums an dem zu enteignenden Grundstück erstrecken. § 46 hat nur diesen Fall im Auge. Er setzt voraus, dass die „Abtretung des Grundstücks durch Vereinbarung zwischen Unternehmer und Eigenthümer erfolgt" und ebenso, dass die „Entschädigungssumme" „zwischen Unternehmer und Eigenthümer vereinbart" ist, und zwar in beiden Fällen, bei der Vereinbarung nach § 16 wie nach § 26. Mit dieser Voraussetzung werden beide Vereinbarungen in Parallele gestellt und die enteignungsrechtlichen Wirkungen des § 45 in beiden Fällen an den Eigenthumsübergang geknüpft, jedoch mit dem Unterschiede, dass sie bei der Vereinbarung nach § 26 ohne weiteres eintreten sollen, dagegen bei der Vereinbarung nach § 16 nur „unter Durchführung des Enteignungsverfahrens". Mit anderen Worten: die Vereinbarung nach § 16 bedarf noch einer Ergänzung durch das Enteignungsverfahren, um auch ihrerseits die im Falle des § 26 mit dem Eigenthumsübergang eintretenden Folgen herbeizuführen. Da es nun aber keinen Sinn haben würde, im Falle des § 16 mit der sachlichen Voraussetzung für den Eintritt dieser Folgen über dasjenige hinauszugehen, was im Falle des § 26 als ausreichend erachtet worden ist, das Gesetz vielmehr bei der unterschiedlichen Behandlung beider Vereinbarungen nur beabsichtigt haben kann, die gleichen Folgen an die gleichen Voraussetzungen zu knüpfen, so kann jene die Durchführung des Enteignungsverfahrens betreffende Ergänzung nur in der Wahrung derjenigen gesetzlichen Formen bestehen, durch deren Erfüllung die Vereinbarung des § 16 in allen wesentlichen Beziehungen der Vereinbarung des § 26 gleich wird.

Die Bedingung kann mithin nur bezwecken, die zwischen beiden Vereinbarungen bestehenden Unterschiede auszugleichen.

Es fragt sich deshalb, worin die beiden Vereinbarungen sich wesentlich von einander unterscheiden, ob nur in ihrem Verhältnisse zum Enteignungsverfahren, sodass nur der Vorsprung der Vereinbarung nach § 26 in Bezug auf das Verfahren —, oder noch in einer sonstigen Beziehung, sodass noch ein weiteres zu ihrer Gleichstellung ansgeglichen werden müsste.

Nun ist zwar der Unterschied, dass die Vereinbarung nach § 16 ohne, diejenige nach § 26 dagegen unter Mitwirkung der Enteignungsbehörde zu Stande gekommen ist (Eger II S. 481), vorhanden; aber dieser Unterschied betrifft ihre rechtliche Wirksamkeit nicht und ist weder für die Höhe der Entschädigung, noch für den Eigenthumsübergang wesentlich, sondern mehr äusserlicher Art.

Auch bei einer Einigung nach § 16 können, wenn sie innerhalb des Planfeststellungsverfahrens stattfindet, die Enteignungsbehörden sachlich mitgewirkt haben, es ist ihnen das sogar im Verwaltungswege ausdrücklich anempfohlen worden. Dagegen braucht die Enteignungsbehörde im Falle des § 26 mit den Betheiligten sachlich überhaupt nicht verhandelt, sondern braucht nur die von den Betheiligten selbst unter einander zu Stande gebrachte Vereinbarung zu Protokoll genommen zu haben.

In der That sind beide Vereinbarungen an sich nach Form und Inhalt gleichwerthig. Beide werden im Rahmen des Enteignungsgesetzes abgeschlossen, und zwar über Grundstücke, die nach dem feststehenden Plane der Enteignung unterliegen. Beide müssen neben der Abrede über die Höhe der Entschädigungssummen die Verpflichtung zur Uebertragung des Eigenthums enthalten. Die erleichternden Vorschriften des § 17 Abs. 2—5 kommen auch den Vereinbarungen nach § 26 zu statten. Andererseits ist die Bestimmung des § 26 Abs. 2, dass das über eine Vereinbarung der letzteren Art aufzunehmende Protokoll die Kraft einer gerichtlichen oder notariellen Urkunde habe, gegenüber den Vereinbarungen nach § 16 ohne Bedeutung. Denn der Grund der früheren Motive zu dieser Bestimmung des Gesetzentwurfs: „damit der Vertrag zur Eintragung des

Eigenthumswechsels genüge" traf schon bei der Verabschiedung des Gesetzes nicht mehr zu (Loebell S. 136). Die Vereinbarung nach § 16 hat nach wie vor dieselbe Rechtsverbindlichkeit, wie eine Vereinbarung nach § 26. (§ 313 des Bürgerlichen Gesetzbuchs, Artikel 12 § 1 Abs. 2 des Preussischen Ausführungsgesetzes zum Bürgerlichen Gesetzbuch.) In beiden Fällen ersetzt die Vereinbarung nicht den dinglichen Vertrag, sondern begründet nur einen Anspruch auf dessen Vornahme nach Massgabe des § 925 des Bürgerlichen Gesetzbuchs (Planck, Bürgerliches Gesetzbuch, Bd. II S. 85). In beiden Fällen ist nach wie vor die Auflassung und Eintragung der Rechtsänderung in das Grundbuch erforderlich. (Vergl. Seydel S. 164—167 und Eger II S. 232, 233, 236).

Da beide Vereinbarungen an sich nach Form und Inhalt gleichwerthig sind, so kann der wesentliche Unterschied zwischen ihnen nur in ihrem Verhältnisse zum Enteignungsverfahren, d. h. in derjenigen Durchführung des Enteignungsverfahrens bestehen, welche bei der Vereinbarung nach § 26 schon stattgefunden hat, der Vereinbarung nach § 16 aber, die in der Regel vor Einleitung des förmlichen Verfahrens zu Stande kommt, noch fehlt.

Wird das Enteignungsverfahren im Falle des § 16 in demselben Masse durchgeführt, wie im Falle des § 26, so ist durch Nachholung alles Wesentlichen, was dort fehlte, hier aber schon vorhanden war, der lediglich auf dem Verhältnisse beider Vereinbarungen zum Enteignungsverfahren, insbesondere auf dem Vorsprunge der Vereinbarung nach § 26 in diesem Verfahren beruhende Unterschied ausgeglichen. Beide Vereinbarungen stehen dann in allen wesentlichen Beziehungen einander gleich. Die für den Eintritt der Rechtswirkungen der §§ 46, 45 bei der Vereinbarung nach § 26 massgebende sachliche Voraussetzung ist auch bei der Vereinbarung nach § 16 erfüllt und es muss damit die für den Eintritt jener Rechtswirkungen im Falle der §§ 46, 16 vorgeschriebene Bedingung der „Durchführung des Enteignungsverfahrens" als eingetreten erachtet werden.

3. Die Durchführung des Enteignungsverfahrens im Falle des § 26.

Nachdem die Feststellung der Entschädigung beantragt ist, findet vor dem Kommissare des Regierungspräsidenten ein Termin zur Verhandlung mit den Betheiligten statt, zu dem der Unternehmer, der Eigenthümer und Nebenberechtigte, welche sich zur Theilnahme am Verfahren gemeldet haben, geladen, während alle übrigen Betheiligten durch öffentliche Vorladung aufgefordert werden, ihre Rechte im Termine wahrzunehmen. Zur Verhandlung werden Sachverständige zugezogen, deren Gutachten in der Regel zu Protokoll erklärt wird. Den Betheiligten ist Gelegenheit zu geben, sich über das Gutachten auszusprechen (§§ 24—28).

Hierauf ergeht die Entscheidung des Bezirksausschusses (§ 29), gegen welche der Rechtsweg offensteht (§ 30). Nach dessen Erledigung wird die Enteignung des Grundstücks ausgesprochen und gleichzeitig im Wege des Ersuchens die Eintragung des Eigenthumübergang es im Grundbuche herbeigeführt (Vollziehung der Enteignung, §§ 32, 33).

Bei einer Vereinbarung der Betheiligten nach § 26 ist das Verfahren mindestens bis zur kommissarischen Verhandlung gediehen.

Zu den Betheiligten gehört hier nicht nur der Unternehmer und der Eigenthümer, wie in der Regel bei der Einigung nach § 16, wo der Letztere noch vor Einleitung des Verfahrens lediglich vermöge seiner Verfügungsfreiheit über das abzutretende Grundstück mit dem Unternehmer verhandelt. (Vergl. Erkenntniss des Reichsgerichts vom 11. März 1889, Entsch. Band 24, S. 207). Die „Dritten" treten im Planfeststellungsverfahren meist erst durch Erhebung von Einwendungen nach öffentlicher Ladung gemäss § 19 in den Kreis der Betheiligten ein und sind auch erst infolgedessen berechtigt, als „Betheiligte" die Rekursbeschwerde einzulegen (§ 22). Weil demnach bei der Vereinbarung des Eigenthumsüberganges nach § 16 nur die Beziehungen zwischen dem Unternehmer und dem Eigenthümer geregelt zu werden brauchen, ist im Schlusssatze des § 16 die Regelung der Rechte „Dritter", die nicht unbedingt zu den Betheiligten im Sinne des § 16 gehören, besonders berücksichtigt.

Zu den Betheiligten im Sinne des § 26 gehören dagegen jedenfalls alle diejenigen, welche „an dem zu enteignenden Grundstücke berechtigt" und nach unmittelbarer oder öffentlicher Ladung im kommissarischen Termine zur Wahrnehmung ihrer Interessen erschienen sind (§ 25 Abs. 6). Dies können sein: Nutzungs-, Gebrauchs und Servitutberechtigte, Pächter und Miether (die Nebenberechtigten des § 11), sowie die Hypotheken- und Grundschuldgläubiger, kurz die Realberechtigten (vergl. § 45 Abs. 2).

Sie sind befugt, mit Bezug auf die Feststellung der Entschädigung, u. a. auch hinsichtlich der für die Abschätzung erheblichen Punkte, sowie mit Bezug auf die Auszahlung und Hinterlegung der Entschädigung selbständig Anträge zu stellen (§ 25 Abs. 3, 4, 6; Bericht der Kommission des Abgeordnetenhauses vom 19. Dezember 1873, vergl. Loebell S. 134; Erlass des Ministers der öffentlichen Arbeiten vom 14. April 1882, Seydel S. 170; Behring S. 662).

Die Vereinbarung der Betheiligten braucht nur die Höhe der Entschädigung zu betreffen. Da mangels einer Vereinbarung über den Eigenthumsübergang alsdann die Vollziehung der Enteignung nothwendig wird, so bedarf es hier eines Beschlusses des Bezirksausschusses nach § 29, der auf die Feststellung der vereinbarten Entschädigung, welche für die Enteignungsbehörde massgebend bleibt, lauten muss, wogegen den Betheiligten, namentlich denjenigen, welche an der Verhandlung nicht theilgenommen haben, der Rechtsweg offen steht (vergl. Erkenntniss des Reichsgerichts vom 30. Juni 1881, Entsch. Band 5, S. 282). Erst nach dessen Erledigung kann, sofern nicht etwa die Dringlichkeit beschlossen wird (§ 34), die Enteignung ausgesprochen werden. Ist der Rechtsweg erledigt oder wird die Dringlichkeit beschlossen, so würde übrigens die vereinbarte Entschädigung, welche durch Beschluss festgestellt worden ist, sofern nicht etwa im Rechtswege auf eine andere Entschädigung erkannt sein sollte, zu hinterlegen sein. Diese Hinterlegung entspricht den Vorschriften der §§ 32 und 34 und kann mithin auf die Worte, dass die „vereinbarte" Entschädigungssumme zu hinterlegen sei (§ 32), bezogen werden.

Bei der gegenwärtigen Untersuchung steht aber nur eine Vereinbarung in Frage, bei welcher die Voraussetzungen des § 46 erfüllt sind, nämlich die Vereinbarung über die Höhe der Entschädigung und die Abtretung des Eigenthums.

Kommt eine solche zu Stande, so ist der Antrag des Unternehmers auf Feststellung der Entschädigung und — im Hinblick auf die Vorschriften der §§ 26, 46 — zugleich der weitere Antrag auf Vollziehung der Enteignung, die übrigens ohne Entscheidung nach § 29 nicht angängig wäre (vergl. §§ 30, 32), gegenstandslos geworden. Das Verfahren findet ein vorzeitiges, aber natürliches Ende und die Enteignungsbehörde hat es mangels entgegenstehender Anträge des Unternehmers ohne weiteres einzustellen (vergl. Seydel S. 166). Eine solche Vereinbarung der Betheiligten ist aber nur dann vorhanden, wenn der Unternehmer mit dem Eigenthümer die Höhe der Entschädigung und die Abtretung des Eigenthums vereinbart hat und die übrigen Betheiligten (die „Dritten") trotz ihrer Ladung im Termine nicht erschienen, oder zwar erschienen, aber keine selbständigen Anträge gestellt haben, über welche nach § 29 zu entscheiden wäre, und demzufolge stillschweigend oder ausdrücklich der Vereinbarung beigetreten sind. Haben die „Dritten" (Realberechtigten) keine Anträge dieser Art gestellt, so sind sie mit ihren Ansprüchen im Verwaltungsverfahren „präkludirt" (vergl. Erkenntniss des Reichsgerichts vom 30. Juni 1881, Entsch. Bd. 5 S. 282).

Der Eigenthumsübergang findet auf Grund der Vereinbarung durch Auflassung und Eintragung der Rechtsänderung in das Grundbuch statt. Es treten die enteignungsrechtlichen Wirkungen des § 45 nach der Vorschrift des § 46 ein. Dem einzelnen Realberechtigten steht nach § 46 Satz 2 in diesem Falle ein persönliches Klagerecht gegen den Unternehmer zu, soweit seine Forderung durch die vereinbarte Entschädigungssumme nicht gedeckt wird; sein Anspruch geht auf Erhöhung der Entschädigung bis zur Deckung seiner Forderung und demgemäss nur auf Zahlung oder Hinterlegung des Ausfalls. (Loebell S. 200, 201, Eger II S. 486, Seydel S. 234; Bähr und Langerhans S. 113).

Eine Vereinbarung der Betheiligten nach §§ 26, 46 liegt dagegen nicht vor, wenn „Dritte" im Termin erschienen sind und selbständige Anträge gestellt haben, über welche nach § 29 zu entscheiden ist.

Ist das geschehen, so können die Antragsteller verlangen, dass ihre Anträge nicht unerledigt bleiben. Hinsichtlich der Nebenberechtigten muss dies durch § 29 sogar als ausdrücklich vorgeschrieben angesehen werden. Aber auch die übrigen Realberechtigten haben ein Recht auf die administrative Fürsorge und Feststellung nach Vorschrift der §§ 25 ff., sei es dass sich ihre Anträge nur auf die Feststellung der Entschädigung oder nur auf deren Auszahlung und Hinterlegung oder auf beides beziehen. Die Beseitigung der Rechte Dritter ist wenigstens der Sache nach ebenfalls eine Enteignung (vergl. Gleim, Der privatrechtliche Charakter der Enteignung. Archiv für Eisenbahnwesen 1885, S. 61). Es ist daher nicht zulässig, über die Anträge dieser den Rechtswirkungen der Enteignung unterliegenden Dritten ohne weiteres hinwegzugehen. Die Enteignungsbehörde ist nicht berechtigt, das Enteignungsverfahren hier abzubrechen; es sei denn, dass der Unternehmer seinen Enteignungsantrag zurückzöge, was aber die Unanwendbarkeit der enteignungsrechtlichen Vorschriften und namentlich des § 46 zur Folge haben würde. Vielmehr muss über die rechtzeitig gestellten Anträge der Realberechtigten gemäss § 29 entschieden werden (vergl. Loebell S. 135, 200; Eger II S. 40, 41, 231, 404, 405, 477, 478; Bähr und Langerhans S. 112, 113; auch Seydel S. 233, dessen Ausführung, dass in den Fällen der §§ 26, 46 den Nebenberechtigten in dem stattgehabten Schätzungsverfahren bereits Gelegenheit zur Wahrnehmung ihrer Rechte gegeben sei, wohl nur in diesem Sinne zu verstehen ist; vergl. auch die Ausführungen im Erkenntnisse des Reichsgerichts vom 15. Januar 1880, Entsch. Band. 1, S. 174, die sich zunächst auf das Eigenthum beziehen, aber auf die Realrechte, deren Beseitigung der Sache nach gleichfalls eine Enteignung ist, ebenso Anwendung finden müssen).

Die Frage, ob die infolge solcher Anträge festgestellte Entschädigung auch für das Vertragsverhältniss zwischen dem Unternehmer und dem Eigenthümer, welche schon eine andere Entschädigung vereinbart hatten, massgebend sei, ist nach dem Inhalte der Vereinbarung zu beurtheilen, jedenfalls ist aber die festgestellte Entschädigung zu hinterlegen (vergl. S. 1200).

Gehen die Anträge der Realberechtigten auf die Feststellung der vereinbarten Entschädigung oder betreffen sie ausschliesslich deren Hinterlegung, so ist in den nach § 29 zu fassenden Beschluss die vereinbarte Entschädigung aufzunehmen. Wird die letztere durch Erledigung des Rechtswegs (Fristablauf, Verzicht, rechtskräftiges Urtheil) zur endgültigen, oder ergeht der Dringlichkeitsbeschluss nach § 34, so liegen weitere Fälle für die in § 32 erwähnte Hinterlegung der „vereinbarten" Entschädigung vor.

Weil hier eine Entscheidung nach § 29 ergangen ist, steht den Betheiligten, und zwar auch denjenigen, welche im Termine nicht erschienen sind, dagegen nach Vorschrift des § 30 der Rechtsweg offen (vergl. Erkenntniss des Reichsgerichts vom 25. April 1891, Entsch. Band 28, S. 263).

Hiermit ist aber das Enteignungsverfahren nicht abgeschlossen. Da eine Vereinbarung nach § 26 nicht zu Stande gekommen ist, hat es ein natürliches Ende noch nicht gefunden. Sollen die Rechtswirkungen des § 45 bei den Realberechtigten eintreten, so kann dies nicht auf Grund des § 46 geschehen, schon weil es an der vorausgesetzten Vereinbarung nach § 26 fehlt. Dass bei Feststellung der Entschädigung nach § 29 mit dem dann offen stehenden Rechtswege nach § 30 aber § 46 nicht Anwendung finden kann, ergiebt sich ferner daraus, dass sonst den Realberechtigten nach § 46 Satz 2 noch die persönliche Klage neben dem Rechtswege nach § 30 zustehen würde, dass sie mithin eine doppelte Klage haben würden. Dass das Gesetz hier neben der Klage auf gerichtliche — endgültige — Feststellung der Entschädigung noch sollte eine persönliche Klage auf Deckung der Forderung des einzelnen Realberechtigten zugelassen haben, kann nicht angenommen werden. Die Klage aus § 46 ist offenbar nur für den Fall gegeben, dass der Rechtsweg nach § 30 nicht offen steht. Die Anwendung der §§ 29, 30 schliesst demnach die Anwendung des § 46 ohnehin aus. Die Rechtswirkungen der Enteignung können hier nur auf Grund der Vollziehung der Enteignung (§ 32) eintreten, die erst nach Erledigung des Rechtswegs — vorbehaltlich der Dringlichkeit (§ 34) — und nach Hinterlegung der Entschädigung zulässig ist. Ist etwa schon, was indessen aus naheliegenden Gründen kaum anzunehmen wäre, das Eigenthum im Wege der Auflassung übergegangen, so würde das weiter keine Wirkung äussern, als dass die nach § 33 herbeizuführende Eintragung des Eigenthumsüberganges inzwischen gegenstandslos geworden ist. Die Realrechte erlöschen gemäss §§ 32, 33, 44, 45.

Wir kehren nunmehr zum Falle der Vereinbarung der Betheiligten nach § 26 zurück, wo die enteignungsrechtlichen Wirkungen auf Grund des § 46 eintreten.

Der Zeitpunkt, mit welchem das enteignete Grundstück von allen darauf haftenden privatrechtlichen Verpflichtungen frei wird, ist nach §§ 45, 44 der Eigenthumsübergang, welcher mit der Zustellung des Enteignungsbeschlusses stattfindet. Im Falle der §§ 46, 45, wo ein Enteignungsbeschluss nicht ergangen ist, kann das nur in analoger Anwendung dieser Vorschrift der Eigenthumsübergang durch Auflassung und Eintragung in das Grundbuch sein. Jedoch muss vorher, entsprechend den für den Enteignungsbeschluss massgebenden Voraussetzungen (Erledigung des Rechtswegs und Hinterlegung der Entschädigung), die Vereinbarung der Betheiligten und die Hinterlegung erfolgt sein.

Während die Nothwendigkeit der Vereinbarung schon im Hinblick auf § 46 nicht zweifelhaft sein kann, bedarf die Forderung, dass der Unternehmer auch im Falle der §§ 46, 45 die Entschädigungssumme zu hinterlegen habe, noch der Erörterung.

Nach einer Entscheidung des Kammergerichts tritt hier ebenfalls die Befreiung des Grundstücks von den darauf haftenden Realverbindlichkeiten erst mit dem Zeitpunkt ein, in welchem dies nach § 45 im Falle des durchgeführten Enteignungsverfahrens stattfindet, also, sofern Reallasten, Hypotheken oder Grundschulden auf dem betreffenden Grundstück haften, erst nach Hinterlegung des vereinbarten Ueberlassungspreises seitens des Unternehmers — §§ 44, 48, 32, 36 und 37 — Erst nachdem diese Hinterlegung nachgewiesen ist, kann die Löschung der Reallasten im Grundbuch erfolgen. (Entscheidung des Kammergerichts vom 16. Februar 1879, vergl. Seydel S. 209; Eger II S. 403 ff. Erlass des Ministers der öffentlichen Arbeiten vom 4. Januar 1894, IV 7105). Seydel (S. 209, 210) erachtet die Anwendung des § 37 — der den Unternehmer zur Hinterlegung der Entschädigung verpflichtet — auf diesen Fall der Billigkeit entsprechend, indessen aus formalen Gründen nicht für angängig, weil die gesetzliche Wirkung des § 46 an eine solche Bedingung nicht geknüpft sei, und die Vorschrift des § 37, wie sich aus der Ueberschrift des betreffenden Abschnittes ergebe, die „Vollziehung der Enteignung“ betreffe, in den Fällen des § 26 aber eine Enteignung regelmässig nicht weiter stattfinde. Wenn dies in der Form auch zutrifft, so ist doch andererseits zu beachten, dass § 48 — wonach bei Belastung des Grundstücks mit Reallasten, Hypotheken oder Grundschulden der Eigenthümer über die Entschädigungssumme nur verfügen kann, wenn die Realberechtigten einwilligen — die durch § 37 vorgeschriebene Hinterlegung voraussetzt (Seydel S. 236, Bähr und Langerhans S. 113; vergl. auch die Motive zu § 43 des Entwurfs, Drucksachen des Abgeordnetenhauses 1871—72, Band I No. 6 S. 70). § 48 steht aber in demselben Abschnitt über die Wirkungen der Enteignung, wie § 46, und wird deshalb unbedenklich mit jener Voraussetzung auch auf § 46 bezogen werden können. Es ist dies nicht nur gerecht und billig, sondern die im Falle des § 46 Anwendung findende Vorschrift des § 45 Abs. 2 (pretium succedit in locum rei) enthält in den §§ 48 und 37 erst ihr nothwendiges Korrelat, ohne das sie unwirksam und unverständlich wäre. Endlich wird auch für die Nothwendigkeit der Hinterlegung der vereinbarten Entschädigung zur Herbeiführung der Wirkungen der §§ 46, 45 die im § 32 erwähnte Hinterlegung der „vereinbarten (§§ 16, 26) Entschädigungssumme“ in Bezug genommen werden dürfen, weil die Hinterlegung gerade den Zweck hat, die Realberechtigten zu schützen, die Beseitigung der Realrechte durch §§ 46, 45 der Sache nach auch eine Enteignung ist und § 46 wenigstens mittelbar durch die §§ 45, 44 auf § 32 verweist. Hierzu kommt, dass die Worte des § 32, die Enteignung werde ausgesprochen ...., wenn nachgewiesen sei, dass „die vereinbarte (§§ 16, 26)“ Entschädigung hinterlegt sei, als Voraussetzung für die Enteignungserklärung unmittelbare Anwendung überhaupt nicht finden können. Die Forderung der Hinterlegung der Entschädigung bildet erst die zweite Bedingung für die Vollziehung der Enteignung. Die erste Bedingung fordert die Erledigung des nach § 30 vorbehaltenen Rechtswegs gegen die „Entscheidung der Regierung“, d. i. gegen die vorläufig festgestellte Entschädigung. Diese Bedingung ist aber bei Vereinbarung der Entschädigung ohne deren vorläufige Feststellung nicht erfüllbar, da der nach § 30 vorbehaltene Rechtsweg gegen eine lediglich vereinbarte Entschädigung nicht zugelassen ist. Ist ferner der Rechtsweg erledigt, so kann nur noch von einer endgültig feststehenden Entschädigung gesprochen werden. Denn mit der Erledigung des Rechtswegs nach § 30 wird zugleich immer eine vorläufig festgestellte Entschädigung vorausgesetzt (vergl. S. 1182), mag sie nun vereinbart gewesen sein oder nicht. Die vorläufig festgestellte Entschädigung aber muss — worüber der Wortlaut des § 32 keinen Zweifel lässt — bei Erledigung des Rechtswegs durch Fristablauf oder Verzicht ebenso als endgültig feststehend erachtet werden, wie die durch rechtskräftiges Urtheil festgestellte. Die Forderung des § 32, dass die „endgültig festgestellte Entschädigung“ zu hinterlegen sei, steht daher nicht nur mit der ersten Bedingung (Erledigung des Rechtswegs) allein in Uebereinstimmung, sondern erschöpft auch schon den Inhalt der zweiten Bedingung (Hinterlegung der Entschädigung), sodass für die unmittelbare Anwendung der Worte, dass die „vereinbarte“ Entschädigung zu hinterlegen sei, kein Raum mehr bleibt. Für die Vollziehung der Enteignung können sie mithin nur noch von nebensächlicher Bedeutung sein. Die Kommission des Hauses der Abgeordneten hat die Aufnahme dieser Worte lediglich mit dem Hinweis auf „die vorangegangenen Beschlüsse" begründet (Drucksachen 1871—72 Band III No. 223 S. 33 und 51). Damit können hier nur die Beschlüsse zu § 17 (jetzt § 16) des Berichts gemeint sein. Unter Beachtung des Gesammtergebnisses dieser Beschlüsse (vergl. S. 1202 ff.) kann hiernach in den Worten nur der Ausspruch gefunden werden, dass auch die nach § 16 oder § 26 vereinbarte Entschädigung hinterlegt werden könne und müsse, wenn nach endgültiger (§ 32) oder vorläufiger (im Falle des § 34) Feststellung der vereinbarten Entschädigung die Enteignung erfolgen soll, oder aber — vermöge der Bezugnahme der §§ 46, 45, 44 auf § 32 — wenn ohne deren Feststellung gemäss § 46 die sonst mit der Enteignungserklärung verbundenen Rechtswirkungen des § 45 eintreten sollen.

Sofern ausnahmsweise etwa die Auflassung und Eintragung des Eigenthumsüberganges schon vorher geschehen sein sollte, treten jene Wirkungen erst mit der Hinterlegung der Entschädigung ein.

Im Anschluss an die Auflassung und Eintragung erfolgt die Löschung der von den Rechtswirkungen der §§ 46, 45 betroffenen Realrechte im Grundbuch, wenn die Erfüllung jener Voraussetzungen nachgewiesen ist, und zwar:

1. die stattgehabte Vereinbarung der Betheiligten nach Massgabe der §§ 26, 46 durch Vorlage einer Ausfertigung des Protokolls der Enteignungsbehörde, aus welcher neben der Vereinbarung über die Abtretung des Grundstücks und die Höhe der Entschädigung zu ersehen sein muss, dass die Ladung nach § 25 stattgefunden hat, dass aber Realberechtigte im Termine selbständige Anträge, über welche nach § 29 zu entscheiden wäre, nicht gestellt haben, und dass das Verfahren daher eingestellt sei.
2. die Hinterlegung der vereinbarten Entschädigungssumme nach § 37.

Die Annahme, dass die Vereinbarung nach § 26 stets erst nach Durchführung des Planfeststellungsverfahrens stattfinden könne (Eger II S. 477, Loebell S. 200) erscheint nicht begründet. Dass die förmliche Feststellung des Enteignungsgegenstandes im Verwaltungsverfahren (§ 21) durch eine Einigung der Betheiligten ersetzt werden kann, ist oben (S. 1171 ff.) bereits nachgewiesen worden. Insbesondere setzt das Gesetz zum Zwecke der Einleitung des Verfahrens zur Feststellung der Entschädigung, in dessen Verlauf eine Vereinbarung nach § 26 abgeschlossen werden darf, keineswegs immer voraus, dass die förmliche Feststellung des Planes gemäss § 21 stattgefunden hat. Vielmehr lässt § 24 als Grundlage für den Antrag auf Feststellung der Entschädigung alternativ die Feststellung nach § 21 oder aber „eine sonstige Bescheinigung der Regierung" zu „im Hinblick auf den Fall freier Vereinbarung (§ 16), in welchem eine definitive Feststellung des Planes nicht erfolgt ist" (Bericht der Kommission des Abgeordnetenhauses vom 4. März 1872, Drucksachen 1871—72, Band III No. 223 S. 27; Bähr S. 82 Note 4; vergl. die Ausführungen von Fritsch a. a. O. S. 515—517).

Die angestellte Untersuchung hat ergeben, dass im Falle der §§ 46, 26 die enteignungsrechtlichen Wirkungen des § 45 eintreten, wenn das Verfahren zur Feststellung der Entschädigung auf Grund der förmlichen Planfeststellung nach § 21 oder einer Einigung der Betheiligten über den Gegenstand der Abtretung nach § 16 eingeleitet worden ist, die Ladung aller Betheiligten zur kommissarischen Verhandlung nach § 25 stattgefunden hat, und eine Vereinbarung zwischen dem Unternehmer und dem Eigenthümer über die Höhe der Entschädigung, sowie über die Abtretung des Eigenthums zu Stande gekommen ist, ohne dass in der kommissarischen Verhandlung Realberechtigte Anträge, über welche nach § 29 zu entscheiden wäre, gestellt haben, und wenn darauf nach Einstellung des Verfahrens die vereinbarte Entschädigungssumme nach § 37 hinterlegt und der Eigenthumsübergang durch Auflassung und Eintragung in das Grundbuch bewirkt worden ist.

4. Die Durchführung des Enteignungsverfahrens im Falle des § 16.

Die Durchführung des Enteignungsverfahrens, welche nach § 46 zu der durch Vereinbarung zwischen dem Unternehmer und dem Eigenthümer gemäss § 16 bewirkten Abtretung des Grundstücks hinzukommen muss, damit die Rechtswirkungen der Enteignung mit Bezug auf die Realrechte eintreten, gestaltet sich demnach folgendermassen:

Die Vereinbarung zwischen dem Unternehmer und dem Eigenthümer über die Abtretung des Grundstücks und die Höhe der Entschädigung hat, entsprechend der Voraussetzung des § 46, schon gemäss § 16 stattgefunden. Zugleich hat sie sich auf den Gegenstand der Abtretung mit Zustimmung der zuständigen Staatsbehörde (§ 15) erstreckt, so dass es der förmlichen Planfeststellung nach § 21 nicht mehr bedarf.

Im Falle der §§ 46, 26 war nun ausserdem erforderlich:

1. Die Durchführung des Verfahrens zur Feststellung der Entschädigung mit der Ladung aller Betheiligten zur kommissarischen Verhandlung.
2. Die Nichtstellung von selbständigen Anträgen der Realberechtigten, über welche nach § 29 zu entscheiden wäre, und infolgedessen die Einstellung des Verfahrens.
3. Die Auflassung und Eintragung des Eigenthumsüberganges nach Hinterlegung der vereinbarten Entschädigungssumme.

Diese Voraussetzungen müssen hier ebenfalls erfüllt sein, um im Falle der §§ 46, 16 die gleichen Rechtswirkungen, wie im Falle der §§ 46, 26 herbeizuführen.

Der Unternehmer stellt behufs Regelung der Rechte „Dritter“ auf Grund einer Bescheinigung des Regierungspräsidenten betreffs der Einigung über den Gegenstand der Abtretung, sowie unter Vorlage der Vereinbarung über die Höhe der Entschädigung und die Abtretung des Grundstücks den Antrag auf Feststellung der Entschädigung. Der Antrag muss das zu enteignende Grundstück und den Eigenthümer bezeichnen (§ 24 Abs. 2). Nur das gegen den Eigenthümer gerichtete Verfahren konnte den Gegenstand eines Vorbehaltes in der Vereinbarung zwischen dem Unternehmer und dem Eigenthümer bilden. Nur in diesem Verfahren können die im § 29 Abs. 2 vorgeschriebenen Feststellungen hinsichtlich der Ansprüche der Nebenberechtigten, welche zu den „Dritten“ gehören, deren Rechte nunmehr geregelt werden sollen, erfolgen (vergl. S. 1183, 1184).

Zu dem vor dem Kommissare des Regierungspräsidenten stattfindenden Termine werden der Unternehmer, der Eigenthümer und Nebenberechtigte, welche sich etwa zur Theilnahme am Verfahren gemeldet haben, geladen, alle übrigen Betheiligten öffentlich aufgefordert, ihre Rechte im Termine wahrzunehmen. Betheiligt sind ausser dem Unternehmer und dem Eigenthümer die Realberechtigten. Diese sind befugt, im Termine zu erscheinen und ihr Interesse an der Feststellung der Entschädigung, sowie bezüglich deren Auszahlung und Hinterlegung zu wahren.

Sind im Termine Realberechtigte erschienen und haben sie in Wahrnehmung ihrer Interessen selbständige Anträge gestellt, so können sie verlangen, dass darüber nach § 29 entschieden werde. Die Enteignungsbehörde ist nicht befugt, über solche, nach Massgabe des § 25 rechtzeitig gestellten Anträge hinwegzugehen und im Widerspruche mit der öffentlichen Ladung das Verfahren ohne weiteres abzubrechen. Es gilt hier das im vorigen Abschnitt ausgeführte (S. 1191 ff.; vergl. auch Erkenntniss des Reichsgerichts vom 15. Januar 1880, Entschd. Bd. 1 S. 274).

Betreffen die Anträge nicht die Höhe der Entschädigung oder sind sie nur auf Feststellung der vereinbarten Entschädigung gerichtet, so ist die vereinbarte Entschädigung in den Beschluss aufzunehmen. Betreffen sie dagegen die Höhe der Entschädigung, so ist darüber nach §§ 26 ff. zu verhandeln und die Entschädigung festzustellen.

In beiden Fällen ist die nach Massgabe des § 29 festgestellte Entschädigung für alle Betheiligten massgebend, unbeschadet der etwa durch Verträge begründeten besonderen Rechtsverhältnisse (vergl. S. 1207).

Gegen die Entscheidung des Bezirksausschusses nach § 29 steht den Betheiligten, und zwar auch denjenigen, die nicht im Termin erschienen waren, der Rechtsweg nach § 30 offen.

Das Enteignungsverfahren hat aber damit sein Ende noch nicht gefunden, so dass es als durchgeführt angesehen werden könnte. Die Feststellung der Erledigung des Rechtswegs oder gegebenenfalls die Dringlichkeit der Enteignung erfordert einen besonderen Akt der Enteignungsbehörde und der natürliche Abschluss des Verfahrens seine Durchführung bis zur Vollziehung der Enteignung. Auch wenn das Eigenthum etwa schon durch Auflassung und Eintragung in das Grundbuch übergegangen wäre, können die Rechtswirkungen des § 45 auf Grund des § 46 doch nicht eintreten, weil das Verfahren noch nicht bis zu seinem natürlichen Ende durchgeführt und die dahingehende Voraussetzung des § 46 (§ 16) noch nicht erfüllt ist (vergl. S. 1192).

Die Vollziehung der Enteignung, welche hier, wie in dem entsprechenden Falle des § 26 nothwendig wird, und nach Hinterlegung der Entschädigung stattfindet, hat zum Inhalte nicht die Beseitigung der Realrechte, sondern entsprechend dem gegen den Eigenthümer gerichteten Verfahren die Enteignung des Grundstücks. Der Umstand, dass der Eigenthumsübergang nach § 16 vereinbart war und möglichenfalls — wiewohl dies kaum anzunehmen ist — inzwischen durch Auflassung herbeigeführt sein könnte, widerspricht dem nicht. Denn jene Vereinbarung war ja durch den Vorbehalt der Durchführung des Verfahrens beschränkt worden, und der im Wege der Auflassung etwa bereits bewirkte Eigenthumsübergang würde mit Rücksicht auf die Enteignung nur zur Folge haben, dass ein späteres Ersuchen um Eintragung (§ 33) schon vorher seine Erledigung gefunden hat (vergl. S. 1192).

Die Vollziehung der Enteignung führt den Eintritt ihrer Rechtswirkungen gemäss §§ 44, 45 herbei.

Sind dagegen im Termine zur kommissarischen Verhandlung (§ 25) Realberechtigte nicht erschienen oder sind sie zwar erschienen, haben aber selbständige Anträge, über welche nach § 29 entschieden werden müsste, nicht gestellt, so sind sie mit ihren Ansprüchen im Verwaltungsverfahren präkludirt (Erkenntniss des Reichsgerichts vom 30. Juni 1881 Entschd. Bd. 5 S. 282). Der Antrag des Unternehmers auf Feststellung der Entschädigung ist, da diese mit dem Eigenthümer bereits nach § 16 vereinbart ist, gegenstandslos geworden. Es bedarf einer Feststellung der Entschädigung nach § 29 nicht mehr, ohne eine solche ist aber auch die Vollziehung der Enteignung nicht zulässig. Das Enteignungsverfahren findet daher ein vorzeitiges, aber natürliches Ende und ist mangels entgegenstehender Anträge des Unternehmers ohne weiteres einzustellen (vergl. S. 1190).

Hiergegen darf nicht etwa eingewendet werden, dass die Einstellung des Verfahrens der in die Ladung aufzunehmenden Verwarnung (§ 25, Abs. 5) nicht entspreche, wonach beim Ausbleiben der Geladenen ohne deren Zuthun 1. die Entschädigung festgestellt und 2. wegen Auszahlung oder Hinterlegung der letzteren werde verfügt werden. Denn der ersten Verwarnung wird, sobald über den Antrag eines Realberechtigten nach § 29 entschieden wird, stets auch für alle übrigen Realberechtigten Folge gegeben. Haben Realberechtigte aber keine Anträge gestellt, und sind deshalb deren Ansprüche im Verwaltungsverfahren präkludirt, so liegt die Sache genau wie im Falle des § 26, da es in der Sache selbst wie für die Realberechtigten gleichgültig ist, ob Unternehmer und Eigenthümer sich vor der Planfeststellung oder vor der Entschädigungsfeststellung geeinigt haben; durch die unbedenklich zulässige Aufnahme eines Vermerkes der stattgehabten Einigung in die Ladung würden die Interessen der Realberechtigten übrigens in diesem Falle sogar noch mehr berücksichtigt werden können, als im Falle des § 26. Der zweiten Verwarnung wird aber ebenso, wie im Falle der §§ 26, 46, durch die Nothwendigkeit der Hinterlegung im Falle der Einigung nach §§ 16, 46 genügt.

Der Eigenthumsübergang geschieht nach Einstellung des Enteignungsverfahrens im Wege der Auflassung und Eintragung in das Grundbuch. Die Rechtswirkungen der Enteignung: die Befreiung des Grundstücks von allen darauf haftenden privatrechtlichen Verpflichtungen und die Wirksamkeit des Rechtssatzes „pretium succedit in locum rei" treten auf Grund des § 46 ein, und zwar nach Erfüllung der genannten Voraussetzungen mit dem Eigenthumsübergange, bei vorgängigem Eigenthumsübergange aber erst mit der Erfüllung der übrigen Voraussetzungen, insbesondere nach der Hinterlegung.

Demgemäss ist zur Herbeiführung der gerichtlichen Löschung der Realrechte im Wesentlichen ebenso, wie im Falle der §§ 46, 26, nachzuweisen:

1. die Einigung nach § 16 über die Höhe der Entschädigung und die Abtretung des Eigenthums;
2. die durch eine Ausfertigung des Protokolls der Enteignungsbehörde zu belegende Thatsache, dass die Ladung nach § 25 stattgefunden hat, dass aber Realberechtigte im Termine selbständige Anträge, über welche nach § 29 zu entscheiden wäre, nicht gestellt haben und dass das Verfahren daher eingestellt sei;
3. die Hinterlegung der vereinbarten Entschädigungssumme.

Zugleich erhalten die Realberechtigten nach § 46 Satz 2 die Befugniss, soweit ihre Forderungen durch die zwischen dem Unternehmer und dem Eigenthümer vereinbarte Entschädigungssumme nicht gedeckt werden, deren Festsetzung im Rechtswege durch eine persönliche Klage gegen den Unternehmer zu fordern.

Entsprechend diesem Ergebnisse würde sich der Fall regeln, dass nach § 16 neben dem Eigenthumsübergange die Feststellung der Entschädigung „nach den Vorschriften des Gesetzes" vereinbart sein sollte. Während die Frage, ob die nach § 29 festgestellte Entschädigung mit oder ohne Zulassung des Rechtswegs nach § 30 für das zwischen dem Unternehmer und dem Eigenthümer bestehende Vertragsverhältniss massgebend sein soll, nur nach dem jeweiligen Inhalte des Vertrags zu beantworten ist, können auch hier die Rechtswirkungen des § 45, sofern nicht etwa noch das Verfahren durch eine Vereinbarung der Betheiligten im Sinne des § 26 vorher sein natürliches Ende gefunden haben sollte, nur unter völliger Durchführung des förmlichen Enteignungsverfahrens — neben der vereinbarten Auflassung — auf Grund der §§ 30, 32, 33, 44, 45 eintreten. (Vergl. S. 1198.) Eine derartige Abrede ist übrigens bei Belastung des zu erwerbenden Grundstücks von keinem praktischen Werthe. Sie bedingt an sich die Vornahme der Auflassung an Stelle der nach gesetzmässiger Feststellung der Entschädigung — namentlich in dringlichen Fällen — leichter zu erlangenden Vollziehung der Enteignung, welche ohnedies zur Herbeiführung der Wirkungen des § 45 stattfinden muss; die Ausschaltung des Planfeststellungsverfahrens durch Einigung ist aber auch ohne jene Abrede möglich.

Wenn die Vereinbarung zwischen dem Unternehmer und dem Eigenthümer dahin geht, dass die Entschädigung sofort im Rechtswege festgestellt werden solle, können gleichwohl die Rechtswirkungen der Enteignung bei den Realrechten auf Grund des § 46 nur unter Durchführung des Enteignungsverfahrens eintreten. Das Enteignungsverfahren ist hier ebenso wie in dem Hauptfalle, wo die Entschädigung in bestimmter Höhe vereinbart worden ist, bis zu seinem nach Ladung gemäss § 25 von dem weiteren Verlauf abhängigen natürlichen Ende durchzuführen.

Wird das Gesetz so verstanden, dann befriedigt es durch gleichmässige Berücksichtigung der betheiligten Interessen das praktische Bedürfniss. Es gewährt die Möglichkeit einer weiteren wesentlichen Abkürzung des Enteignungsverfahrens, während die Realberechtigten, deren Rechte im Verwaltungswege beseitigt werden sollen, ausreichenden Schutz erhalten. Denn wenn sie trotz erfolgter Ladung zur Wahrnehmung ihrer Interessen hinsichtlich der Höhe der Entschädigung oder deren Auszahlung und Hinterlegung keine Anträge stellen, so verzichten sie damit auf die Fürsorge der Staatsverwaltung, namentlich auf die Feststellung der Entschädigung durch die Enteignungsbehörde, welche sie verlangen können. Sie sind dann mit ihren Ansprüchen im Verwaltungsverfahren präkludirt. Der Enteignungsantrag des Unternehmers aber ist durch die unangefochten gebliebene Einigung mit dem Eigenthümer über die Höhe der Entschädigung und die Abtretung des Eigenthums erledigt. Der Rechtsweg nach § 30, welcher den Realberechtigten alsdann mangels einer Entscheidung nach § 29 verschlossen bleibt, ist ihnen durch die in § 46 Satz 2 zugelassene Klage, „soweit ihre Forderungen durch die zwischen Unternehmer und Eigenthümer vereinbarte Entschädigungssumme nicht gedeckt werden“, in ausreichender Weise eröffnet worden.

Auch in Bezug auf die Hinterlegung der Entschädigungssumme, welche nach § 45 Abs. 2 an die Stelle des enteigneten oder abgetretenen Grundstücks tritt, sind die Realberechtigten gesichert. Findet der Eigenthumsübergang auf Grund einer Vereinbarung gemäss §§ 46, 16 oder §§ 46, 26, mithin ohne die auf entsprechenden Antrag eines Realberechtigten gebotene Entscheidung nach § 29 statt, so ist die vereinbarte Entschädigung zu hinterlegen. Ist dagegen eine solche Entscheidung ergangen, so ist die im Beschlusse festgestellte Entschädigung, die je nach den gestellten Anträgen wiederum die vereinbarte sein kann, zu hinterlegen.

Bei dieser Rechtslage können Bedenken, wie sie in dem bei Seydel (S. 114 Anm. 12) erwähnten Einzelfalle geltend gemacht worden sind, mit Grund nicht geltend gemacht werden.

Es wurde damals Beschwerde darüber geführt, dass in einem gegen Hypothekengläubiger gerichteten Verfahren eine erheblich geringere Entschädigung festgestellt und hinterlegt worden sei, als der wirklich vereinbarte Ueberlassungspreis betragen habe. Welcher Art dieses Verfahren gewesen sei, erhellt nicht. War es das Verfahren zur Entziehung der Rechte am Grundeigenthum (§ 6), so scheint seine Einleitung zu Unrecht erfolgt zu sein, denn es ist nicht ersichtlich, inwiefern die zu beseitigenden Rechte damals der Benutzung der belasteten Grundstücke zu dem öffentlichen Zwecke entgegenstanden. War es aber das in § 16 vorgesehene Verfahren, welches behufs Regelung der Rechte Dritter durchgeführt werden sollte, so waren die Realberechtigten in der Lage, die Feststellung der urkundlich nachzuweisenden (§§ 24, 16) vereinbarten oder einer anderen, höheren Entschädigung zu fordern, worüber nach § 29 Beschluss zu fassen war. Hätten die Realberechtigten in einem solchen Verfahren aber keine Anträge gestellt, und wäre mithin unter ihrer Präklusion eine Beschlussfassung nach § 29 nicht erforderlich gewesen, so hätte der Unternehmer zur Herbeiführung der enteignungsrechtlichen Wirkungen der §§ 46, 16 gerade die wirklich vereinbarte Entschädigung hinterlegen müssen.

5. Die Gesetzesmaterialien.

Die hier vertretene, aus dem Gesetze selbst abgeleitete Auslegung deckt sich mit dem Ergebnisse der Landtagsverhandlungen, wie es im Kommissionsberichte des Abgeordnetenhauses vom 4. März 1872 festgestellt worden ist. Die §§ 16 und 46 des Entwurfs wurden, und zwar gerade die in Rede stehenden Bestimmungen, von der damals tagenden Kommission wesentlich umgestaltet. Die Fassung, die sie infolge dessen erhalten haben, und die schliesslich Gesetzeskraft erlangt hat, wird allein durch die Ausführungen des Berichts begründet, sodass neben dem Gesetzesinhalte selbst nur diesem Kommissionsbericht entnommen werden kann, welche Absicht des Gesetzgebers jenen Vorschriften zu Grunde liegt.

Im Berichte werden, entsprechend der Berathung, die §§ 26 und 46 in die Erörterung des § 16 mit hineingezogen und die Vereinbarungen gemäss §§ 16 und 26 sowohl nach ihrer Bedeutung als auch hinsichtlich der Rechtswirkungen des § 46 mit einander verglichen und so erschöpfend besprochen, dass der Bericht bei den §§ 26 und 46 sich darauf beschränken konnte, lediglich auf das bei § 16 Gesagte zu verweisen. Schon diese Form der Behandlung zeigt, dass die Absicht der Kommission thatsächlich dahin gegangen ist, den Eintritt der Rechtswirkungen des § 46 in den beiden Fällen des § 16 und des § 26 gleichmässig zu behandeln.

Die für die vorliegende Frage entscheidende Stelle dieses Berichts lautet, unter Einsetzung der gesetzlichen Paragraphenzahlen:

Bei der Vereinbarung nach § 26 „ist ein Verfahren vor dem Regierungskommissar eingeleitet, an welchem alle zur Sache Interessirten Theil nehmen können, öffentliche Vorladung der Realberechtigten hat stattgefunden, es sind die Formen gewahrt, welche rechtfertigen, es nunmehr mit den Rechten Dritter streng zu nehmen; für diese liegt nur die Gefahr vor, dass Eigenthümer und Unternehmer sich zu einem zu niedrigen Preise geeinigt haben. Das Hilfsmittel des § 46 (die Klage) kann da ausreichen. Anders steht es im Falle des § 16, da ist lediglich der vorläufig festgestellte Plan aufgelegt, ein Enteignungsverfahren nicht eingeleitet, die Formen des § 26 sind nicht erfüllt. Es würde sich deshalb als ein willkürlicher Eingriff in wohlerworbene Rechte darstellen, wollte man auch hier die Folgen des § 46 eintreten lassen und dabei das entäusserte Grundstück den Realberechtigten als Objekt ihrer Befriedigung nehmen. Diesen droht bei solchem sich hinter ihrem Rücken vollziehenden Geschäfte auf mehrfache Art Gefahr, faktisch ihr Realrecht an dem Grundstück beseitigt zu sehen; es kann ein verschuldeter Eigenthümer, dem es nur auf Erlangung einer baaren Summe ankommt, mit einem schliesslich zahlungsunfähigen Unternehmer konkurriren, und die Verwirklichung des abgeschlossenen Geschäfts so spät zur Kenntniss der Realgläubiger gelangen, dass sie nicht mehr im Stande sind, ausreichende Massregeln zu ihrer Sicherheit zu ergreifen . . . . Dem zu begegnen, bietet sich ein zweckmässiges Mittel dar in Durchführung des Enteignungsverfahrens mindestens soweit, als es das Aufgebot der Realberechtigten zum Gegenstande hat. Nur wenn der freien Vereinbarung ein derartiges Feststellungsverfahren zutritt, und damit den vorhandenen Realberechtigten zeitig genug Kunde von dem stattgefundenen Geschäfte wird, um sie in den Stand zu setzen, alsbald ihre Interessen vor einer staatlichen Behörde zu wahren, die ihnen hierbei ex officio zu Diensten steht, erscheint es der Kommission zulässig, einer derartigen freiwilligen Veräusserung die rechtliche Wirkung der Enteignung Dritten gegenüber beizulegen. Alsdann erst hat nach ihrer Ansicht der Staat vollständig seiner Pflicht genügt, welche ihm der Grundsatz des Gesetzes auflegt, dass der Eingriff in das Eigenthum zum Zwecke der Expropriation allein seine Sanktion in der Vermittlung des Staates findet". (Drucksachen des Hauses der Abgeordneten 1871/72, Band III No. 223 S. 21).

Hier werden die Vereinbarungen nach § 16 und nach § 26 neben einander gestellt. Es wird hervorgehoben, dass im ersten Falle nicht, wie im zweiten, die Formen gewahrt seien, „welche rechtfertigen, es nunmehr mit den Rechten Dritter streng zu nehmen". Es wird gerügt, dass die Realberechtigten im ersten Falle „nicht im Stande sind, ausreichende Massregeln zu ihrer Sicherung zu ergreifen," und nur für zulässig erachtet, einer Vereinbarung nach § 16 die rechtliche Wirkung der Enteignung Dritten gegenüber beizulegen, wenn „die Durchführung des Enteignungsverfahrens mindestens soweit" stattgefunden habe, „als es das Aufgebot der Realberechtigten zum Gegenstande hat". Durch Hinzufügung dieser Bedingung wird die Beobachtung von Formen vorgeschrieben, welche im Falle des § 26 schon erfüllt sind und nunmehr auch im Falle des § 16, wo sie sonst fehlen, noch erfüllt werden sollen: es wird „ein Verfahren vor dem Regierungskommissar eingeleitet, an welchem alle zur Sache Interessirten theil nehmen können, öffentliche Vorladung der Realberechtigten hat stattgefunden," und es soll den Realberechtigten hierdurch Gelegenheit zur „alsbaldigen Wahrung ihrer Interessen vor einer staatlichen Behörde, die ihnen hierbei ex officio zu Diensten steht," gegeben werden.

Diese Ausführungen können nicht wohl anders verstanden werden, als dass bei einer Vereinbarung im Sinne der §§ 16, 46 — ebenso wie bei einer Vereinbarung nach § 26 — die Realberechtigten Gelegenheit zur Wahrung ihrer Interessen im Verwaltungsverfahren haben sollen, in welchem über ihre Anträge zu entscheiden ist, und dass das Verfahren in jedem Falle mindestens bis zum kommissarischen Termine durchgeführt sein muss, jedoch nicht weiter durchgeführt zu werden braucht, wenn die Realberechtigten keine Anträge stellen und mithin jene Gelegenheit unbenutzt lassen.

Mit dem Kommissionsbericht und demzufolge mit der ausgesprochenen Absicht des Gesetzgebers steht die hier vertretene Gesetzesauslegung durchweg in Uebereinstimmung. Wird sie zu Grunde gelegt, so ist der wiedergegebene Inhalt des Kommissionsberichts ohne weiteres verständlich. Das ist aber nicht der Fall, wenn, wie anderweit verlangt worden ist, das behufs Regelung der Rechte Dritter vorbehaltene Verfahren in allen Fällen auf die Planfeststellung oder die Ladung nach § 25 beschränkt werden müsste, und niemals die Feststellung der Entschädigung erfolgen dürfte. Denn bei dieser Annahme sind die Realberechtigten ausser Stande, „alsbald ihre Interessen vor einer staatlichen Behörde zu wahren, die ihnen hierbei ex officio zu Diensten steht." Ebensowenig befindet sich mit dem Kommissionsberichte die Annahme im Einklange, dass bei der Durchführung jenes Verfahrens immer eine Entscheidung nach § 29 getroffen oder sogar die Enteignung nach § 32 vollzogen werden müsste. Denn nach dem Berichte soll das Enteignungsverfahren „mindestens soweit, als es das Aufgebot der Realberechtigten zum Gegenstande hat," durchgeführt werden, womit unzweideutig ausgesprochen ist, dass die Durchführung des Enteignungsverfahrens bis zur kommissarischen Verhandlung zwar stattfinden muss, dass diese aber unter Umständen (wenn keine Anträge Realberechtigter vorliegen) genügt, sodass es weder einer Feststellung der Entschädigung, noch der Vollziehung der Enteignung bedarf.

Dass der Gesetzgeber nicht daran gedacht hat, für den Fall der §§ 46, 16 die Durchführung des ganzen Enteignungsverfahrens zu fordern, ergiebt sich auch aus der Ueberschrift dieses Theiles des Kommissionsberichts: „Realrechte nach Möglichkeit zu schützen durch relativ genügende Formen." Der Ausdruck „relativ genügende Formen" steht augenscheinlich im Gegensatz zum völlig durchgeführten Verfahren mit allen seinen Formen und Abschnitten und entspricht der Auffassung, dass das Verfahren, welches nach dem Vorbehalte des Schlusssatzes des § 16 behufs Regelung der Rechte Dritter durchzuführen ist, nicht immer das ganze Verfahren mit der Feststellung der Entschädigung und der Vollziehung der Enteignung zu sein braucht, sondern dass es von der Stellung von Anträgen seitens Realberechtigter abhängt, ob dieses schon nach dem öffentlichen Aufgebot im kommissarischen Termine sein Ende findet.

III.

Der Vorbehalt nach dem Schlusssatze des § 16.

Es ist schon gesagt worden, dass der Vorbehalt, behufs Regelung der Rechte Dritter das förmliche Enteignungsverfahren durchzuführen, zwar in unmittelbarer Beziehung zum § 46 steht, aber nicht die Bedingungen für den Eintritt der Rechtswirkungen der Enteignung bestimmen kann, sondern nur bei einer Vereinbarung zwischen dem Unternehmer und dem Eigenthümer nach Massgabe des § 16 die vertragliche Möglichkeit schafft, den Eintritt jener Wirkungen herbeizuführen. Der Vorbehalt ist nur vorbereitender Natur, die Bedingung ist im § 46 enthalten. Es darf deshalb auch nicht die im § 16 erwähnte Durchführung des „förmlichen" Enteignungsverfahrens in die nach § 46 massgebende Bedingung hineingetragen werden (vergl. Seydel S. 232, 233).

Gegenüber der im § 46 gestellten Bedingung der „Durchführung des Enteignungsverfahrens" entbehrt die abweichende Fassung im Schlusssatze des § 16, es könne die „Durchführung des förmlichen Enteignungsverfahrens" vorbehalten werden, nicht der Begründung. Bei einer Einigung nach § 16 ist es noch nicht bekannt, ob in dem nach § 25 anzuberaumenden Termine Realberechtigte selbständige Anträge stellen werden oder nicht. Geschieht es nicht, so findet das Verfahren sein vorzeitiges, aber natürliches Ende. Geschieht es jedoch, so ist, wie oben erörtert worden, die Durchführung des förmlichen Enteignungsverfahrens mit der Feststellung der Entschädigung und der Vollziehung der Enteignung nothwendig. Dieser Rechtslage entsprechend stehen die Worte „Durchführung des förmlichen Enteignungsverfahrens" im § 16 im berechtigten Gegensatz zu den Worten „unter Durchführung des Enteignungsverfahrens", die nur die Durchführung bis zur kommissarischen Verhandlung, mit welcher das Verfahren sein natürliches Ende findet, zu bedeuten brauchen („das Feststellungsverfahren" „soweit als es das Aufgebot der Realberechtigten zum Gegenstande hat").

Der Vorbehalt kommt nur in Frage, wenn die Entschädigung in bestimmter Höhe — oder nach Bestimmung eines Dritten — oder wenn ihre sofortige Festsetzung im Rechtswege vereinbart wird. Denn wenn die Entschädigung „nach den Vorschriften des Gesetzes" festgestellt werden soll, muss ohnehin das Verfahren zur Feststellung der Entschädigung eingeleitet und durchgeführt werden und hat wenigstens, insoweit Realberechtigte vorhanden sind, die Eröffnung des Rechtswegs nach § 30, sowie die Vollziehung der Enteignung (§§ 32, 33, 44, 45) zur Folge. Demnach hat das Wort „dabei" (Es kann ferner dabei behufs Regelung der Rechte Dritter die Durchführung . . . vorbehalten werden) hier die

Bedeutung: bei einer Einigung des Unternehmers und Eigenthümers über den Gegenstand der Abtretung, insbesondere bei Vereinbarung der Abtretung des Eigenthums und der Höhe der Entschädigung — einschliesslich ihrer etwaigen Bestimmung durch einen Dritten — oder bei Vereinbarung ihrer Feststellung im Rechtswege.

Der in Rede stehende Satz des § 16 bestimmt nun weiter, dass die Durchführung des förmlichen Enteignungsverfahrens vorbehalten werden könne: „nach Befinden ohne Berührung der Entschädigungsfrage". Dass nicht beabsichtigt sein kann, damit das Entschädigungsfeststellungsverfahren aus dem vorbehaltenen Enteignungsverfahren auszuschalten, ergiebt sich schon aus dem Umstande, dass § 16 in erster Linie die Ausschaltung des Planfeststellungsverfahrens im Auge hat und das nach §§ 46, 16 noch durchzuführende Verfahren gerade in dem Verfahren zur Feststellung der Entschädigung besteht. Es können sich andrerseits die Worte „ohne Berührung der Entschädigungsfrage" aber auch nicht auf den Fall beziehen, wo das Enteignungsverfahren Mangels eines Antrags Realberechtigter schon im kommissarischen Termine sein Ende findet, weil hier die Entschädigungsfrage ohnehin nicht mehr zur Entscheidung gebracht wird. Sie können sich vielmehr nur auf den Fall beziehen, wo auf entsprechende Anträge Realberechtigter die Entschädigung festgestellt werden muss.

Es bedarf keiner weiteren Erörterung, dass die Feststellung der Entschädigung auf den Antrag Realberechtigter nicht „ohne Berührung der Entschädigungsfrage" bewirkt werden kann. Die abweichende Ansicht Loebells (S. 106) beruht auf der schon widerlegten Annahme (S. 1177, 1178), dass das nach dem Schlusssatze des § 16 vorzubehaltende Verfahren im wesentlichen im Planfeststellungsverfahren bestehe, ist aber auch deshalb nicht zu billigen, weil die Beseitigung der Rechte Dritter, denen grade an der Entschädigung und deren Sicherung gelegen ist, nicht durch einseitige Vereinbarung des Unternehmers mit dem Eigenthümer erfolgen kann, sondern einer solchen Vereinbarung entzogen ist. (Vergl. S. 1181). Es können daher die Worte, dass die Entschädigungsfrage unberührt bleiben solle, nicht die Ansprüche der antragstellenden Dritten (Realberechtigten) betreffen, sondern nur das Rechtsverhältniss der Vertragschliessenden selbst. (Vergl. Eger II S. 57).

Freilich erscheint die Ansicht, der Gesetzgeber habe damit sagen wollen, es könne in das spätere Belieben des Unternehmers gestellt werden, ob er die vereinbarte Entschädigung annehmen wolle oder nicht (Seydel S. 113), nicht gerechtfertigt. Es entspricht kaum dem Begriff einer Vereinbarung über die Höhe der Entschädigung, dass der eine Theil daran gebunden sein, der andere dagegen statt dessen nach Belieben auch die nach § 29 festgestellte andere Entschädigung und folgerichtig auch das Klagerecht aus § 30 zu wählen berechtigt sein soll. Es ist auch nicht einzusehen, welche Absicht der Gesetzgeber mit einer solchen Vereinbarung verbunden haben kann, zumal sie für den Eigenthümer doch schwerlich annehmbar ist und deshalb praktische Bedeutung nicht wohl erlangen würde. Die Annahme, dass „nach Befinden“ so viel heisse als „nach Belieben“, ist auch sprachlich nicht einwandfrei. Jedenfalls liegt es näher, die Worte „nach Befinden“ dahin zu verstehen, dass sie soviel sagen, als „falls sie danach befinden sollten“ oder „eventuell“ oder „je nach Abrede“, und demgemäss schon nach dem natürlichen Sprachgebrauche den Satz so zu deuten: Es kann die Durchführung des Verfahrens, je nach Abrede ohne Berührung der Entschädigungsfrage, vorbehalten werden. Alsdann beziehen sich die in Rede stehenden Worte nicht einseitig auf das spätere Belieben des Unternehmers, sondern auf beide Theile und auf die Gegenwart der Vertragsschliessung; sie dienen dann nicht mehr dazu, der geschlossenen Vereinbarung über die Höhe der Entschädigung den Charakter einer Bindung beider Theile wieder zu entziehen, sondern sie zweckmässig zu ergänzen.

Ohne diese Worte würde nämlich die Vorschrift des Schlusssatzes eine Lücke enthalten. Denn wenn in dem nach dem Vorbehalte durchgeführten Verfahren die Entschädigung gemäss § 29 festgestellt wird, so stehen zwei Entschädigungsbeträge, der festgestellte und der vereinbarte, nebeneinander. Dass freilich die Entschädigung im Verhältnisse zwischen dem Unternehmer und dem Eigenthümer eine andere sein kann, als diejenige im Verhältnisse zwischen dem Unternehmer und den übrigen Betheiligten, ergiebt sich schon aus § 29 Abs. 2 und § 46 Satz 2 (Vergl. auch Seydel S. 113, 114, 234; Eger II S. 58, 59). Hier aber, wo die Durchführung des gegen den Eigenthümer gerichteten Enteignungsverfahrens trotz der Vereinbarung über die Höhe der Entschädigung ausdrücklich vorbehalten wird, entsteht in der That die Frage, ob nach der Absicht der vertragschliessenden Theile die nach § 29 etwa festgestellte Entschädigung, welche für die übrigen Betheiligten, vorbehaltlich des Rechtswegs nach § 30, massgebend ist, auch in dem Verhältnisse des Unternehmers zum Eigenthümer gelten und demnach an die Stelle der rechtsgültig vereinbarten Entschädigung treten solle oder nicht. Diese Frage beantwortet das Gesetz durch die Vorschrift, dass die Vertragschliessenden verabreden können, dass die im Verwaltungsverfahren festgesetzte Entschädigung die zwischen ihnen vereinbarte nicht berühren solle („nach Befinden ohne Berührung der“ — vertraglich zwischen beiden Theilen geregelten — „Entschädigungsfrage“) d. h. also, dass es zwischen ihnen bei der vereinbarten Entschädigung verbleiben solle. Wenn das

Gesetz nun ausdrücklich sagt, dass bei dem Vorbehalte der Durchführung des Enteignungsverfahrens verabredet werden könne, dass die festgestellte Entschädigung die vereinbarte nicht berühren solle, so muss darin zugleich der Ausspruch gefunden werden, dass, falls dies nicht verabredet wird, die festgestellte Entschädigung auch im Verhältnisse der Vertragschliessenden zueinander an die Stelle der vereinbarten Entschädigung treten solle. — Bei der Vereinbarung, dass die Entschädigung sofort im Rechtswege festzustellen ist, kann selbstverständlich die im Verwaltungsverfahren festgestellte Entschädigung nur so lange für das Verhältniss zwischen den Vertragschliessenden massgebend werden, als die gerichtliche Feststellung noch nicht rechtskräftig geworden ist („ne bis in idem"). — Hiernach haben die Worte „nach Befinden ohne Berührung der Entschädigungsfrage" den Zweck, Meinungsverschiedenheiten und Streitigkeiten zwischen dem Unternehmer und dem Eigenthümer über die Rückwirkung einer etwaigen Entschädigungsfeststellung nach § 29 auf das bestehende Vertragsverhältniss von vornherein vorzubeugen.

Bei dieser zugleich dem natürlichen Sprachgebrauch und dem praktischen Bedürfniss entsprechenden Auslegung steht der Schlusssatz des § 16 mit den §§ 25, 29, 30 und 46 im Einklang und gliedert sich in einfacher und zweckmässiger Weise in die Gesammtheit der Vorschriften ein, welche den lastenfreien Grunderwerb im Wege der Einigung zu fördern bestimmt sind.

IV.

Ueberblick über die Fälle der Einigung und ihre Folgen.

Abgesehen von der Bauerlaubniss ohne Einigung über den Gegenstand der Abtretung, welche beim Mangel weiterer Vereinbarungen für das Enteignungsverfahren ohne Bedeutung ist, und abgesehen von dem freihändigen Eigenthumserwerb ausserhalb des Rahmens des § 16 und demnach unabhängig von dem vorläufig festgestellten Plane (§ 15) und ohne Zusammenhang mit dem Enteignungsverfahren, lassen sich folgende Fälle der Einigung zusammenstellen:

I. Einigung des Unternehmers und des Eigenthümers über den Gegenstand der Abtretung, soweit er nach dem Befinden der zuständigen Behörde zu dem Unternehmen erforderlich ist (§ 15), mit der Wirkung, dass das Planfeststellungsverfahren nach §§ 18 ff. aus dem Enteignungsverfahren ausscheidet, sodass das ohne weitere Vereinbarungen einzuleitende Enteignungsverfahren unmittelbar mit dem Antrag auf Feststellung der Entschädigung nach §§ 24 ff. beginnt, und zwar

entweder zum Zwecke der Ueberlassung des Besitzes (Bauerlaubniss mit Einigung über den Gegenstand der Abtretung) oder zum Zwecke der Abtretung des Eigenthums (Verpflichtung zur Uebertragung des Eigenthums mit Einigung über den Gegenstand der Abtretung).

Die letztgenannte Einigung über den Gegenstand der Abtretung zum Zwecke der Abtretung des Eigenthums kann zu Stande kommen:

1. unter der Vereinbarung, dass die Feststellung der Entschädigung nach den Vorschriften des Gesetzes (§§ 24 ff.) erfolgen soll. Hierher ist auch der Fall zu rechnen, dass etwa nichts über die Entschädigung vereinbart sein sollte. In beiden Fällen ist das Enteignungsverfahren nach Vorschrift der §§ 24 ff. durchzuführen bis zur Feststellung der Entschädigung. Sollen jedoch die Wirkungen der Enteignung hinsichtlich der Rechte Dritter eintreten, so ist nach Erledigung des Rechtswegs die Vollziehung der Enteignung nach Vorschrift der §§ 30, 32, 33, 34, 44, 45 nothwendig;
2. unter der Vereinbarung einer bestimmten — oder von einem Dritten zu bestimmenden — Entschädigung oder ihrer sofortigen Feststellung im Rechtswege, und zwar:
   A. ohne weiteres mit dem Eigenthumsübergange im Wege der Auflassung und seiner Eintragung in das Grundbuch, aber ohne die enteignungsrechtlichen Wirkungen des § 46, welche Mangels Durchführung des Enteignungsverfahrens nicht eintreten können und auch nicht einzutreten brauchen, wenn keine Realrechte auf dem Grundstücke lasten, oder wenn der Eigenthümer sich zur lastenfreien Abtretung des Grundstücks verpflichtet oder wenn der Unternehmer, soweit angängig, die auf dem Grundstücke lastenden Realrechte vertraglich übernimmt.
   B. mit dem Vorbehalte der Durchführung des Enteignungsverfahrens, behufs Regelung der Rechte Dritter, und je nach dem Verlaufe des Verfahrens mit der Wirkung, dass, falls nach der öffentlichen Ladung gemäss § 25:
      a) Realberechtigte zur Wahrung ihrer Interessen keine Anträge gestellt haben, über welche nach § 29 zu entscheiden wäre, das Enteignungsverfahren im kommissarischen Termine sein natürliches Ende findet. In diesem Falle treten nach Erfüllung der gesetzlichen Voraussetzungen (Nachweis des durchgeführten Verfahrens und Hinterlegung der vereinbarten — oder rechtskräftig festgestellten — Entschädigung, Auflassung des Grundstücks) die Rechtswirkungen der Enteignung hinsichtlich der Realberechtigten nach §§ 46, 45 ein; die Realberechtigten sind zur Erhebung der Klage nach § 46 Satz 2 befugt.

b) Realberechtigte im kommissarischen Termine rechtzeitig selbständige Anträge gestellt haben, über welche nach § 29 entschieden werden muss, das Enteignungsverfahren mit Einschluss der Vollziehung der Enteignung durchzuführen ist (§§ 32, 33, 34). Die Rechtswirkungen der Enteignung treten nach §§ 44, 45 ein. Den Realberechtigten steht der Rechtsweg nach § 30 offen, desgleichen dem Unternehmer, insoweit es sich um diese handelt. Hinsichtlich des zwischen dem Unternehmer und dem Eigenthümer bestehenden Rechtsverhältnisses ist zu unterscheiden:

α) Ist die Abrede getroffen, dass die Durchführung des Verfahrens „ohne Berührung der Entschädigungsfrage" vorbehalten werde, d. h. dass die im Verwaltungsverfahren festgestellte Entschädigung ohne Rückwirkung auf die vereinbarte (oder die sofort im Rechtswege festzustellende) sein solle, so verbleibt es zwischen dem Unternehmer und dem Eigenthümer bei der vereinbarten (oder der sofort im Rechtswege festzustellenden) Entschädigung.

β) Ist jene Abrede nicht getroffen, so tritt die im Verwaltungsverfahren festgestellte Entschädigung auch im Verhältnisse des Unternehmers zum Eigenthümer an die Stelle der vereinbarten mit dem beiden gegeneinander zustehenden Klagerecht aus § 30, insoweit nicht etwa die nach Vereinbarung sofort im Rechtswege festzustellende Entschädigung inzwischen schon rechtskräftig festgestellt sein sollte.

II. Vereinbarung der Betheiligten über die Höhe der Entschädigung und den Eigenthumsübergang nach §§ 26, 46, welche nur vorhanden ist, wenn Realberechtigte im kommissarischen Termine (§ 25) keine Anträge gestellt haben, über welche nach § 29 zu entscheiden wäre, sodass das Verfahren damit sein natürliches Ende findet. Nach Erfüllung der gesetzlichen Voraussetzungen (Nachweis der Vereinbarung der Betheiligten und des durchgeführten Verfahrens, Hinterlegung der vereinbarten Entschädigung, Auflassung des Grundstücks) treten die Rechtswirkungen der Enteignung nach §§ 46, 45 ein; die Realberechtigten sind zur Erhebung der Klage nach § 46 Satz 2 befugt.

Nach dem Ergebnisse dieser Erörterungen kann mit Hilfe der Vorschriften der §§ 16, 26 und 46 das Enteignungsverfahren wesentlich verkürzt und beschleunigt werden. Gelingt es dem Unternehmer nicht, ein zur Ausführung des Unternehmens erforderliches Grundstück ohne darauf ruhende privatrechtliche Verbindlichkeiten alsbald freihändig zu erwerben, so darf er diese Mittel nicht unbenutzt lassen. Neben der Bauerlaubniss, auf deren möglichst frühzeitige Erwirkung er zunächst Bedacht nehmen muss, ist es zweckmässig, thunlichst eine Einigung über den Gegenstand der Abtretung mit dem Eigenthümer herbeizuführen. Die von der zuständigen Staatsbehörde bewirkte vorläufige Planfeststellung einerseits und die infolge einer solchen Einigung eintretende wesentliche Verkürzung des Verfahrens andrerseits, welche sowohl den Eigenthumsübergang, als auch die Auszahlung der Entschädigung an die Empfangsberechtigten nicht unerheblich beschleunigt, sind Umstände, die diese Einigung beiden Theilen empfehlenswerth machen. Kommt sie ferner in Verbindung mit der Vereinbarung des Eigenthumsüberganges und der Höhe der Entschädigung zu Stande, so ist es rathsam, nach dem Schlusssatze des § 16 den Vorbehalt der Durchführung des förmlichen Enteignungsverfahrens „ohne Berührung der Entschädigungsfrage“ auszubedingen. Wenn auch in der Regel zunächst darnach gestrebt werden muss, den Eigenthümer zur Freistellung des Grundstücks von allen darauf haftenden, privatrechtlichen Lasten zu verpflichten, so kann doch, wenn die Erfüllung dieser Verpflichtung auf Schwierigkeiten stossen sollte, die Vereinbarung des Vorbehaltes auch in diesem Falle von Werth sein. Jedenfalls setzt sie den Unternehmer in den Stand, durch ein unter Ausschaltung des Verfahrens zur Planfeststellung und möglichenfalls nur bis zur kommissarischen Verhandlung nach § 25 durchzuführendes Enteignungsverfahren die auf dem Grundstücke ruhenden Rechte Dritter auf dem kürzesten Wege zum Erlöschen zu bringen. Wird von diesen Mitteln — einschliesslich der Vereinbarung nach § 26 — möglichst umfassender Gebrauch gemacht, so wird dadurch nicht nur im Einzelfalle der Absicht des Gesetzes und dem praktischen Bedürfniss entsprochen, sondern es können auch die Enteignungsbehörden soweit von Enteignungsgeschäften entlastet werden, dass sie sich um so eher in der Lage befinden, selbst das förmliche Enteignungsverfahren mit allen seinen Formen und Abschnitten dann im beschleunigteren Geschäftsgange durchzuführen, wenn einzelne Eigenthümer sich von vornherein jeder Verständigung verschliessen oder die zum verfassungsmässigen Schutze des Privateigenthums bestimmten gesetzlichen Formen etwa missbräuchlicher Weise dazu benutzen sollten, das Verfahren in die Länge zu ziehen.

GPSR Compliance

The European Union's (EU) General Product Safety Regulation (GPSR) is a set of rules that requires consumer products to be safe and our obligations to ensure this.

If you have any concerns about our products, you can contact us on ProductSafety@springernature.com

In case Publisher is established outside the EU, the EU authorized representative is:

Springer Nature Customer Service Center GmbH
Europaplatz 3
69115 Heidelberg, Germany

Batch number: 10844675

Printed by Printforce, the Netherlands